Incorporação Transfronteiriça à Luz do Direito Societário Brasileiro

Incorporação Transfronteiriça à Luz do Direito Societário Brasileiro

2019

Daniela Aranha de Araujo

ALMEDINA

INCORPORAÇÃO TRANSFRONTEIRIÇA À LUZ DO DIREITO SOCIETÁRIO BRASILEIRO

AUTOR: Daniela Aranha de Araujo
DIAGRAMAÇÃO: Almedina
DESIGN DE CAPA: FBA
ISBN: 9788584934973

Dados Internacionais de Catalogação na Publicação (CIP)
(Câmara Brasileira do Livro, SP, Brasil)

Araujo, Daniela Aranha de
Incorporação transfronteiriça à luz do direito societário brasileiro / Daniela Aranha de Araujo. -- São Paulo : Almedina, 2019.

Bibliografia.
ISBN 978-85-8493-497-3

1. Direito empresarial - Brasil 2. Direito societário - Brasil I. Título.

19-27324 CDD-34:338(81)

Índices para catálogo sistemático:

1. Brasil : Direito empresarial 34:338(81)
2. Brasil : Direito societário 34:338(81)

Iolanda Rodrigues Biode - Bibliotecária - CRB-8/10014

Este livro segue as regras do novo Acordo Ortográfico da Língua Portuguesa (1990).

Junho, 2019

EDITORA: Almedina Brasil
Rua José Maria Lisboa, 860, Conj.131 e 132, Jardim Paulista | 01423-001 São Paulo | Brasil
editora@almedina.com.br
www.almedina.com.br

"Ao Daniel, com todo meu amor, pela paciência e compreensão.

Aos meus pais, Joaci e Iara, pelo amor e incentivo à educação.

À minha irmã, Roberta, pelo exemplo de vida e estudo".

AGRADECIMENTOS

À minha orientadora, professora Ana Cristina von Gusseck Kleindienst, pela paciência, orientação e fundamental apoio para o desenvolvimento do trabalho.

À Luis Acuña e Tereza Cidade, por me apresentarem o intrigante caminho do direito societário, compartilharem seus ensinamentos e contribuirem de forma relevante à minha formação profissional e especialidade na área.

Aos professores Daniel Kalansky e Caio Ferreira Silva, pelos valiosos comentários e contribuições dispensados na banca.

PREFÁCIO

É imensamente recompensador, como Professora Orientadora do LL.M. em Direito Societário do Insper há quase três anos, apresentar esta obra. Lembro-me, como se fosse hoje, da primeira aula de Ética e Metodologia do Trabalho Científico na turma LLMDS22 (de fato, a primeira turma que eu iria conduzir sem o auxílio do Professor André Antunes Soares de Camargo). Logo nos primeiros 30 minutos de aula, quando questionei se algum aluno tinha ideia sobre qual tema escreveria no trabalho que a pouco mais de um ano seria entregue como requisito obrigatório para a conclusão do curso, a então aluna Daniela Aranha de Araujo respondeu – ainda um pouco insegura, mas com bastante entusiasmo – que pretendia abordar uma questão sobre a qual já tinha se deparado em um escritório de advocacia no qual trabalhara: a possibilidade de realização de incorporação societária de sociedade brasileira por sociedade estrangeira. Não tenho dúvida de que, naquele momento, pensei: "Com certeza, André diria 'baita tema!'".

De fato. Eis aqui o tema pesquisado, questionado, digerido, debatido (inclusive em banca examinadora) e desenvolvido à exaustão. Resultado: uma obra primorosa! – a qual tenho a satisfação e orgulho de apresentar em honrosa edição da Editora Almedina.

O trabalho de Daniela Aranha de Araujo aborda, com rigor técnico admirável, a lacuna existente no ordenamento jurídico brasileiro quanto à possibilidade de sociedades brasileiras incorporarem sociedades estrangeiras ou serem por elas incorporadas, bem como a ausência de previsão de procedimentos para a realização de tais operações.

De um lado, apresenta todo arcabouço legislativo e doutrinário sobre a incorporação de sociedades no direito brasileiro. Ao fazê-lo, mapeia e organiza as questões mais relevantes envolvendo essa forma de reorganização societária, que é uma das mais utilizadas em nosso país. De outro, de forma muito cuidadosa e cordial, reconstrói a distinção entre sociedades brasileiras e estrangeiras, apresentando, inclusive, úteis detalhes procedimentais a respeito do funcionamento dessas sociedades no Brasil.

Ao adentrar o tema em si, percorre os principais elementos legais e princípios constitucionais que permeiam a discussão, como os princípios da legalidade, da autonomia da vontade, da isonomia, da liberdade de associação e de iniciativa, para, ao depois, apresentar os escassos posicionamentos doutrinários favoráveis e contrários à possibilidade de execução das operações de incorporação societária transfronteiriça no país.

Na sequência, em raro esforço que não encontra similar na doutrina nacional, aborda casos verídicos de incorporação de sociedades estrangeiras por brasileiras e de estrangeiras por brasileiras, identificando e analisando, com maestria, os pontos relevantes e as especificidades de cada caso concreto.

Ao final, traça um paralelo com os tratamentos jurídicos aplicados em outros países, apresentando uma breve análise sobre a regulamentação da incorporação transfronteiriça no direito europeu, sobretudo Espanha e Portugal, e no direito norte-americano.

Enfim, um excelente trabalho de conclusão de curso apresentado e defendido no LL.M. em Direito Societário do Insper, cuja publicização tem grande valia para o meio jurídico profissional e acadêmico.

Ana Cristina von Gusseck Kleindienst
Professora Orientadora do LL.M. em Direito Societário

SUMÁRIO

Introdução

A incorporação entre sociedades brasileiras é uma das formas de reorganização societária[1] mais utilizadas no Brasil para viabilizar a concentração de sociedades empresariais[2], no âmbito de operações de fusões e aquisições[3].

No direito brasileiro, essa operação se configura como "a operação pela qual uma ou mais sociedades são absorvidas por outra, que lhes sucede em todos os direitos e obrigações"[4], conforme prevista e regu-

[1] As formas de reorganização societária previstas no direito societário brasileiro são: fusão, cisão incorporação e transformação do tipo societário. Sztajn, Rachel. Reorganização Societária e Concorrência. In: Warde Jr., Walfrido Jorge (Coord.). **Fusão, cisão, incorporação e temas correlatos.** São Paulo: Quartier Latin do Brasil, 2009. p. 238.

[2] Com o advento do Código Civil em 2002 a teoria da empresa foi positivada. Por tal razão, no presente trabalho, o termo "empresa" será utilizado como objeto de direito, conforme extraído da definição de atividade empresária nos termos do seu art. 966, qual seja: "quem exerce profissionalmente atividade econômica organizada para a produção ou a circulação de bens ou de serviços". Já o termo "sociedade" ou "sociedade empresária" será adotado como a pessoa jurídica, sujeito de direito, que exerce a empresa, nos termos do art. 982 do Código Civil.

[3] Sérgio Botrel explica que "fusões e aquisições" constitui "o conjunto de medidas de crescimento externo ou compartilhado de uma corporação, que se concretiza por meio da 'combinação de negócios' e de reorganizações societárias". Botrel, Sérgio. **Fusões & aquisições.** 3. ed. São Paulo: Saraiva, 2014. p. 21.

[4] A Lei das S.A. prevê no art. 227 que "a incorporação é a operação pela qual uma ou mais sociedades são absorvidas por outra, que lhes sucede em todos os direitos e obrigações". Da mesma forma, o Código Civil reflete o disposto na Lei das S.A., prevendo no art. 1.116

lada[5] na (i) lei nº 6.404, de 15 de dezembro de 1976[6], e alterações posteriores, a qual rege as incorporações que envolvem sociedades por ações ("Lei das S.A.") e (ii) lei nº 10.406, de 10 de janeiro de 2002[7], e alterações posteriores, a qual rege as incorporações que envolvem sociedades de outros tipos societários ("Código Civil"). Da mesma forma, os procedimentos e formalizações necessários para implementação da incorporação estão devidamente regulados nas referidas leis.

Tal operação vem ganhando relevância no Brasil, por gerar às sociedades brasileiras benefícios econômicos, operacionais e fiscais[8], tais quais (i) redução de custos financeiros e operacionais em decorrência da consolidação e compartilhamento de atividades e recursos; (ii) simplificação da estrutura societária; (iii) ganhos de sinergia, incluindo melhores condições comerciais para negociação com fornecedores, prestadores de serviço ou clientes e criação ou ganho de valor da sociedade que subsistir; e (iv) eventual compensação de prejuízos fiscais.

Trata-se do reflexo da globalização ocorrida, principalmente, a partir do século XX, que acarretou na intensificação do volume de operações de fusões e aquisições, tornando-se a incorporação relevante instrumento para a criação de grandes multinacionais[9], tanto no cenário nacional, quanto internacional. Nesse sentido, o professor Waldirio Bulgarelli é da mesma opinião[10]:

que: "a incorporação, uma ou várias sociedades são absorvidas por outra, que lhes sucede em todos os direitos e obrigações, devendo todas aprová-la, na forma estabelecida para os respectivos tipos".

[5] Coelho, Fábio Ulhoa. **Curso de direito comercial.** São Paulo: Saraiva, 2003, v. 2. p. 217.

[6] Brasil. Lei nº 6.404, de 15 de dezembro de 1976. **Palácio do Planalto Presidência da República**, Brasília, DF, 15 dez. 1976. <http://www.planalto.gov.br/ccivil_03/leis/l6404compilada.htm>. Acesso em: 10 nov. 2017.

[7] Brasil. Lei nº 10.406, de 10 de janeiro de 2002. **Palácio do Planalto Presidência da República**, Brasília, DF, 10 jan. 2002. <http://www.planalto.gov.br/ccivil_03/Leis/2002/l10406.htm>. Acesso em: 10 nov. 2017.

[8] Eizirik, Nelson. **A Lei das S/A Comentada. Artigos 216 a 300**. 2. Ed. São Paulo: Quartier Latin, 2015a, v. 4. p. 91.

[9] Botrel, op. cit., p. 21.

[10] Bulgarelli, Waldirio. **Fusões, Incorporações e Cisões de Sociedades. 6ª edição atualizada de acordo com a Lei nº 9.457/97 das Sociedades por Ações.** São Paulo: Editora Atlas, 2000. p. 196 e 197.

> Modernamente, o movimento intensificou-se a partir da Revolução Industrial, atingindo em nossos dias proporções insuspeitadas, e com uma tendência a crescer incessantemente. [...] Deve-se destacar, do ponto de vista econômico é muito mais amplo do que sob o aspecto jurídico, de vez que se afunila, em face da regulamentação jurídica na qual deve enquadrar-se.

Em vista da positivação da operação na legislação brasileira, a incorporação entre sociedades brasileiras é uma operação realizada amplamente no mercado brasileiro, cujos procedimentos e efeitos já foram vastamente debatidos e consolidados na doutrina brasileira. No entanto, com base nos dispositivos legais, existe uma lacuna quanto à possibilidade de sociedades brasileiras incorporarem ou serem incorporadoras por sociedades estrangeiras ou, ainda, do procedimento a ser adotado para implantar as referidas operações. Além da omissão na legislação brasileira, é escassa a discussão sobre o assunto entre doutrinadores brasileiros. Não obstante, existem casos práticos de incorporação envolvendo sociedades brasileiras, como incorporada ou incorporadora, e sociedades estrangeiras.

Comparativamente, doutrinadores e legisladores de outros países debatem há décadas[11] as operações de incorporação entre sociedades sujeitas a ordenamentos jurídicos de países distintos, as quais são denominadas incorporações "internacionais", "transnacionais" ou "transfronteiriças", de acordo com a doutrina ou legislação de cada país[12].

[11] Vale destacar que diversos ordenamentos jurídicos consideram a fusão como um único instituto que possui dois tipos: fusão propriamente dita e incorporação. PONTES, Evandro Fernandes de. **Incorporação de Ações no Direito Brasileiro.** São Paulo: Almedina, 2016. p. 69.

[12] Para referência, a Diretiva 2005/56/CE do Parlamento Europeu e do Conselho da União Europeia, de 26 de outubro de 2005, denomina a operação como incorporação "tranfronteiriça". O professor chileno Marcelo Mardones Osorio explica que, na Espanha, parte da doutrina considera mais adequado o termo "fusão internacional", enquanto a doutrina alemã adotou a expressão "fusão tranfronteiriça", como tradução de "grenzüberschreitenden Verschmelzung" ou "grenzüberschreitenden fusion". OSORIO, Marcelo Mardones. ***Fusión Internacional de Sociedades Anónimas en el Ordenamiento Jurídico Chileno.*** 2014. Dissertação de Doutorado da Faculdade de Direito da Pontificia Universidad Católica de Chile. Chile, Santiago. p. 69.

Entre eles, doutrinadores dos países vizinhos, Argentina[13] e Chile[14] discutem sobre a possibilidade de incorporação transfronteiriça envolvendo sociedades argentinas e chilenas, respectivamente, como incorporadas ou incorporadoras, e sociedades sujeitas a ordenamentos jurídicos de países distintos, inclusive com tratamento diferenciado em operações envolvendo sociedades regidas por legislações dos países membros do Mercado Comum do Sul (Mercosul)[15_16].

Desde antes da criação da Comunidade Europeia, o tema de incorporação transfronteiriça vem sido debatido entre diversos países que atualmente integram a União Europeia[17], tendo sido tratado primeiramente por um corpo internacional na Conferência de Haia sobre Direito Internacional Privado ocorrida em 1951[18], considerando que a incorporação transfronteiriça entre sociedades constituídas em países que se torna-

[13] BOGGIANO, Antonio. **Curso de Derecho Internacional Privado. Derecho de las Relaciones Privadas Internacionales.** 2 ed. Buenos Aires: Abeldo-Perrot, 2000. p. 5 a 9.

[14] No Chile, o professor chileno Marcelo Mardones Osorio conclui que: "O ordenamento jurídico chileno não reconhece expressamente a incorporação transfronteiriça de sociedades, nem a participação de sociedades estrangeiras em uma operação de incorporação; (b) existe uma manifestação expressa sobre a matéria pela SVS [*Superintendencia de Valores y Seguros*, correspondente à Comissão de Valores Mobiliários no Brasil], na qual o organismo regulador nega a aplicabilidade do artigo 99 da LSA [Lei das Sociedades Anónimas chilena] a uma incorporação entre uma sociedade chilena e estrangeira; [e] (c) embora a doutrina chilena tenha se referido à incorporação transfronteiriça, essencialmente para aceitá-la, a verdade é que nenhum argumento dogmático profundo é apoiado para apoiar as posições sustentadas." OSORIO, op. cit., p. 146 (tradução nossa).

[15] IUD, Carolina Daniela. LOPARDO, María Paula. ***Fusión Transfronteriza en el Mercosur***. Negocios Societarios, Cuestiones Internacionales Y Grupos Societarios, Tomo II. Buenos Aires: Ed. Ad-Hoc, 1995. p. 557/569. Disponível em: <http:// https://repositorio.uade.edu.ar/xmlui/bitstream/handle/123456789/1609/CDS06020557.pdf?sequence=1&isAllowed=y>. Acesso em: 3 de fev. de 2019.

[16] COSTA, Osvaldo Solari. LOPARDO, María Paula. ***Fusiones internacionales***. Trabalho publicado nos Anais do VI Congreso Argentino de Derecho Societario: II Congreso Iberoamericano de Derecho Societario y de la Empresa, realizado em Mar del Plata, nos dias, 2 a 4 de novembro de 1995. Disponível em: <https://repositorio.uade.edu.ar/xmlui/bitstream/handle/123456789/1300/CDS06020537.pdf?sequence=1&isAllowed=y>. Acesso em: 3 de fev. de 2019.

[17] O tema foi tratado primeiramente por um corpo internacional na Convenção sobre o Reconhecimento da Personalidade Jurídica de Companhias, Associações e Instituições Estrangeiras datada de 1º de junho de 1956, após debates realizados na sétima sessão da Conferência de Haia sobre Direito Internacional Privado ocorrida em 1951. OSORIO op. cit., p. 8.

[18] Ibidem, p. 8.

riam membros da União Europeia seria um dos mecanismos legais que permitiria fomentar a liberdade de circulação entre sociedades oriundas de tais países e, por consequência, a economia entre tais países.

Após um longo processo de harmonização das legislações nacionais com as regras comunitárias sobre o tema[19] foi editada a Diretiva 2005/56/CE do Parlamento Europeu e do Conselho da União Europeia, de 26 de outubro de 2005[20] ("Diretiva 2005/56/CE") que regula incorporações transfronteiriças das sociedades de capital[21] regidas por legislações dos países membros da União Europeia. Nos termos da Diretiva 2005/56/CE, os países membros deveriam incorporar suas disposições aos seus ordenamentos jurídicos até 2007, respeitadas as particularidades de cada legislação. Com base na referida Diretiva, legislações de países membro da União Europeia passaram a permitir expressamente a incorporação transfronteiriça envolvendo sociedades constituídas em seus respectivos países (como incorporadoras ou incorporadas) e de outros países membro da União Europeia, exclusivamente, como é o caso de Portugal. Outros países, estenderam a abrangência da norma, permitindo que sociedades regidas por seus ordenamentos sejam parte de incorporação transfronteiriça com sociedades constituídas em outros países não pertencentes à União Europeia, como é o caso da Espanha.

Já nos Estados Unidos, foram editados o *Delaware General Corporation Law* ("DGCL") e *Model Business Corporation Act* ("MBCL"), os quais são

[19] Os países membros que permitiam as fusões intracomunitárias eram França, Itália, Luxemburgo, Portugal, Espanha e Reino Unido. Aqueles que proibiam expressamente eram Holanda, Suécia, Irlanda, Grécia, Finlândia, Dinamarca, Áustria e Alemanha. COMITÊ ECONÔMICO E SOCIAL EUROPEU. **Parecer do Comitê Econômico e Social Europeu sobre a Proposta de diretiva do Parlamento Europeu e do Conselho relativa às fusões transfronteiriças das sociedades de capitais.** Bruxelas, 2004. Disponível em: <http://eur-lex.europa.eu/legal-content/PT/TXT/PDF/?uri=CELEX:52004AE0664&from=ES>. Acesso em: 13 mar. 2018.

[20] UNIÃO EUROPEIA. Diretiva 2005/56/CE, de 26 de outubro de 2005. Disponível em: <http://eur-lex.europa.eu/legal-content/PT/TXT/PDF/?uri=CELEX:32005L0056&from=PT>. Acesso em: 29 nov. 2017.

[21] "Sociedades de capital" são definidas no artigo 1 da Diretiva 2009/101/CE do Parlamento Europeu e do Conselho de 16 de setembro de 2009 e englobam as sociedades por ações, bem como qualquer outra sociedade com capital social que possua personalidade jurídica, um patrimônio separado que responda por suas próprias obrigações e sujeita a sua legislação local a condições de garantias, tais como previstas pela referida Diretiva para proteger os interesses de sócios e terceiros. FRADE, op. cit., p. 177.

considerados modelos normativos no tratamento de incorporação transfronteiriça por certos autores estrangeiros[22]-[23]. A DGCL[24], que regula a legislação societária no Estado de Delaware, desde 1935[25] dispõe sobre a incorporação transfronteiriça entre *corporations* constituídas de acordo com as leis de Delaware[26] e *corporations* estrangeiras. O MBCL[27], por sua vez, trata-se de um modelo de consolidação de normas societárias preparado pelo Comitê de Leis Societárias da Seção de Direito Empresarial da Ordem dos Advogados Norte-Americanos que, em 2014, era aplicado por 24 Estados Norte-Americanos[28], e desde sua primeira edição, em 1950[29], também já tratava de incorporação transfronteiriça envolvendo *business corporations* constituídas de acordo com as leis de Estados Norte-Americanos que adotaram o MBCL e *business corporations* estrangeiras em termos similares ao DGCL.

Diante do exposto, o estudo proposto se faz importante e atual para atender uma demanda do mercado no Brasil. Afinal, nas últimas décadas, o Brasil também está inserido no processo de globalização econô-

[22] OSORIO, op. cit., p. 5.

[23] FRADE, Antonio D. Tapia. ***La fusión transfronteriza de sociedades anónimas.*** 2017. Dissertação de Doutorado da Faculdade de Direito da Universidad Complutense de Madri. Madri, Espanha. p. 174.

[24] DELAWARE. Delaware General Corporation Law. [19-]. Disponível em: <http://delcode.delaware.gov/title8/c001/> Acesso em: 5 dez. 2017.

[25] OSORIO, op. cit., p. 119.

[26] A DGCL possui importante relevância em matéria societária, tendo em vista o grande número de sociedades norte-americanas sujeitas a esta lei. Conforme dados do Governo de Delaware, no início do século XX, este se tornou pioneiro no processo de constituição de sociedades nos Estado Unidos. Em 2014, houve registro de que existem mais de um milhão de sociedades constituídas no Estado de Delaware, das quais 60% são companhias abertas norte-americanas. PARENTONI, Leonardo Netto; GONTIJO, Bruno Miranda. **Competência legislativa em Direito Societário: Sistemas brasileiro, norte-americano e comunitário europeu**. Brasília: Revista de Informação Legislativa, 2016. p. 247. Disponível em: <https://www12.senado.leg.br/ril/edicoes/53/210/ril_v53_n210_p239.pdf>. Acesso em: 30 nov. 2017.

[27] AMERICAN BAR ASSOCIATION. Model Business Corporation Act. [1950]. Disponível em: <file:///C:/Users/JI/Downloads/_CL580012_newsletterpubs_mbca.pdf>. Acesso em: 30 nov. 2017.

[28] BEBCHUK, Lucian. **The Case for Increasing Shareholder Power**. Massachusetts, California: The Harvard John M. Olin Discussion Paper Series, 2004. Disponível em: <http://www.law.harvard.edu/programs/olin_center/papers/pdf/Bebchuk_500.pdf >. Acesso em: 30 nov. 2017. p. 9.

[29] OSORIO, op. cit., p. 119.

mica e social. Nesse contexto, sociedades estrangeiras visam atuar no mercado emergente brasileiro, não somente como investidores, mas também para efetivamente operacionalizar suas atividades no país. Da mesma forma, sociedades nacionais também têm a intenção de transcender as fronteiras e se posicionar internacionalmente de forma mais competitiva.

De acordo com o estudo realizado em 2016 pela Fundação Don Cabral, publicada na 11ª edição anual do Ranking FDC das Multinacionais Brasileiras[30], que apresenta análise sobre o processo de internacionalização de multinacionais brasileiras, entre os anos de 2013 a 2015, as multinacionais apresentaram crescimento significativo na internacionalização", de forma que, entre as 64 multinacionais brasileiras que foram objeto do estudo, "78% ampliaram seus investimentos no mercado internacional", principalmente a fim de "diminuir a dependência do mercado brasileiro e reduzir os riscos operacionais"[31], diante da crise econômica enfrentada no Brasil. Assim, é importante que tais sociedades possam optar pelo instituto jurídico mais adequado e eficiente para os fins que almejam nos processos de fusões e aquisições, além das usuais operações de compra e venda de ativos ou ações ou quotas de sociedades.

Desse modo, o presente trabalho terá como objetivo analisar a viabilidade de sociedades brasileiras incorporarem ou serem incorporadas por estrangeiras à luz do direito societário brasileiro. Para simplificar a referência à incorporação de sociedades brasileiras por estrangeiras e vice-versa, será livremente utilizada nesse trabalho a terminologia *incorporação transfronteiriça*, com base na expressão *cross-border mesgers*, em alusão à operação entre sociedades de diferentes "fronteiras".

Para tanto, em primeiro lugar, será analisado o regime legal vigente que regulamenta a incorporação de sociedades, nos termos da legislação societária brasileira, quais sejam: Lei das S.A. e Código Civil, de acordo com o tipo societário das sociedades envolvidas na operação. Da mesma

[30] BARAKAT, Lívia Lopes *et al.* **Ranking FDC das Multinacionais Brasileiras 2016.** 2016. 11 ed. FDC. Disponível em: <http://acervo.ci.fdc.org.br/AcervoDigital/Relat%C3%B3rios%20de%20Pesquisa/Relat%C3%B3rios%20de%20Pesquisa%202016/Ranking_FDC_Multinacionais_Brasileiras_2016%20(3).pdf>. Acesso em: 29 nov. 2017. p. 78.

[31] Ibidem, p. 86.

forma, serão detalhados os procedimentos e formalidades necessários para implementar a incorporação no Brasil.

Em seguida, serão examinados os requisitos e procedimentos exigidos pelo ordenamento jurídico brasileiro para constituição e funcionamento das sociedades estrangeiras no Brasil, em contraponto com as sociedades brasileiras, com especial atenção aos impedimentos e restrições legais impostos para atuação de sociedades estrangeiras no Brasil.

Adicionalmente, considerando que a incorporação transfronteiriça de sociedade brasileira por estrangeira poderia desencadear nas seguintes consequências: (i) caso a incorporada seja operacional com atividades no Brasil, tornar-se-ia filial de estrangeira no Brasil; e/ou (ii) caso a incorporada não seja operacional e tenha como único ativo a participação societária em outras sociedades brasileiras, estas passarão a ser controladas pela incorporadora estrangeira e, de forma contrária, na hipótese de incorporação transfronteiriça de sociedade estrangeira por brasileira, a estrangeira será extinta e os efeitos serão os inversos dos descritos anteriormente, serão analisadas normas e princípios constitucionais e legais aplicáveis ou que impactem a possibilidade de sociedades estrangeiras participarem de incorporação transfronteiriça no Brasil.

Ainda, será exposto posicionamento doutrinário brasileiro quanto à viabilidade da incorporação transfronteiriça no Brasil, principalmente com relação ao papel que a sociedade brasileira desempenhará na operação (incorporadora ou incorporada), considerando-se os impedimentos e restrições aplicados às sociedades estrangeiras para atuar no Brasil. Adicionalmente, serão apresentados os precedentes de operações de incorporação transfronteiriça que efetivamente ocorreram no Brasil. Ainda que, como se verá adiante, não haja abundância de casos práticos, os casos selecionados de incorporações transfronteiriças em que as sociedades brasileiras eram incorporadoras envolveram companhias abertas brasileiras de grande relevância e renome nos mercados brasileiro e internacional.

Por fim, para traçar um paralelo com os tratamentos legais aplicados por outros países, haverá uma breve análise da regulamentação da incorporação transfronteiriça no direito comparado, com enfoque nos sistemas jurídicos da União Europeia e dos Estados Unidos, com base nas legislações acima citadas.

O presente trabalho não tem como objetivo solucionar por completo o tema em face da omissão do ordenamento jurídico brasileiro quanto à viabilidade de realização de incorporação transfronteiriça entre sociedades brasileiras e estrangeiras. Seu objetivo é contribuir com a evolução da discussão e debates, trazendo, inclusive, precedentes de operações implementadas no Brasil, com breve exame da forma como foram instrumentalizadas.

1. Incorporação de Sociedades no Direito Brasileiro

1.1. Conceito de Incorporação

A incorporação é amplamente utilizada nas operações de fusões e aquisições e constitui uma das modalidades de reorganizações societárias, as quais englobam cisão, fusão, incorporação e transformação do tipo societário.

Em linhas gerais, as operações de cisão, fusão e incorporação acarretam a reorganização societárias de sociedades, de tipos iguais ou diferentes[32], envolvidas mediante (i) a desconcentração ou divisão de sociedades, na cisão; e (ii) a concentração ou união de sociedades, na fusão e incorporação. Em decorrência dessas operações, pode ocorrer a divisão ou extinção de sociedades e a criação de novas.

Assim, no processo de concentração de sociedades empresariais, podem ser utilizados dois institutos os dois institutos jurídicos: a fusão e incorporação. Tal processo apresenta benéfico para as sociedades, "visando ao crescimento, à diversificação (e) à segregação de riscos"[33].

Porém, enquanto na fusão[34], uma ou mais sociedades se unem para constituição de uma nova sociedade que lhes sucede em todos os direitos

[32] O art. 223 da Lei das S.A. prevê que "Art. 223. A incorporação, fusão ou cisão podem ser operadas entre sociedades de tipos iguais ou diferentes e deverão ser deliberadas na forma prevista para a alteração dos respectivos estatutos ou contratos sociais."

[33] Sztajn, op. cit., p. 238.

[34] O art. 228 da Lei das S.A. prevê que "Art. 228. a fusão é a operação pela qual se unem duas ou mais sociedades para formar sociedade nova, que lhes sucederá em todos os direitos e

e obrigações, na incorporação[35], uma ou mais sociedades são absorvidas por outra, de forma que as sociedades incorporadas são extintas e a sociedade incorporadora permanece existente, sucedendo- lhes em todos os direitos e obrigações.

Portanto, comparativamente, conforme ensina Bulhões[36], a incorporação se torna mais vantajosa à medida em que:

> Preserva a personalidade jurídica de uma das sociedades (que em geral é a de maior dimensão ou reputação no mercado), reduz a averbação da unificação nos registros públicos de propriedade dos bens e requer menos formalidades do que a constituição da nova companhia criada pela fusão.

A incorporação se caracteriza na absorção pela sociedade incorporadora do patrimônio da sociedade incorporada, resultando na (i) extinção da sociedade incorporada, sem liquidação; (ii) participação societária dos acionistas da sociedade incorporada diretamente na sociedade incorporadora ou, como indicado por Eizirik[37], caracterizando uma "passagem forçada dos acionistas da sociedade incorporada para a incorporadora, exceto daqueles que exercerem o direito de recesso; e (iii) sucessão universal da sociedade incorporada com relação aos direitos e obrigações da incorporada.

1.2. Natureza Jurídica e Evolução Legislativa

Conforme explicado anteriormente, assim como ocorre na fusão, na incorporação, constitui-se uma nova sociedade de forma derivada[38], porém, na incorporação, a sociedade incorporada se extingue em

obrigações". O Código Civil reflete o disposto na Lei das S.A., prevendo no art. 1.119 que: "Art. 1.119. A fusão determina a extinção das sociedades que se unem, para formar sociedade nova, que a elas sucederá nos direitos e obrigações."

[35] O art. 227 da Lei das S.A. prevê que "a incorporação é a operação pela qual uma ou mais sociedades são absorvidas por outra, que lhes sucede em todos os direitos e obrigações". Da mesma forma, o Código Civil reflete o disposto na Lei das S.A., prevendo no art. 1.116 que: "Art. 1.116. Na incorporação, uma ou várias sociedades são absorvidas por outra, que lhes sucede em todos os direitos e obrigações, devendo todas aprová-la, na forma estabelecida para os respectivos tipos".

[36] LAMY FILHO, Alfredo; BULHÕES, José Luiz Pedreira. **Direito das Companhias**. 1. ed. Rio de Janeiro: Editora Forense, 2009, v. 2. p. 1745.

[37] EIZIRIK, 2015a, op. cit., p. 130.

[38] PONTES, op. cit., p. 41.

decorrência de sua absorção pela incorporadora, de forma que a incorporadora subsiste, e na fusão, todas as sociedades objeto da fusão, as quais se unem para constituir uma nova sociedade, que lhes sucede em todos os direitos e obrigações, são extintas.

Considerando seus aspectos similares, é pacífico na doutrina o entendimento[39] de que fusão e incorporação correspondem a espécies do mesmo gênero.

Nesse sentido, Bulgarelli[40] ensina que:

> "a fusão, como compenetração de sociedades que arrasta os patrimônios os sócios, num fenômeno unitário e complexo, se desdobra em duas formas: a fusão propriamente dita e a incorporação, como aliás foi regulado e nossa lei do anonimato anterior que separou ambos os institutos, dando-lhes regulamentação própria, como espécies do mesmo gênero".

No mesmo sentido, Rubens Requião[41] entende que a despeito de a incorporação e a fusão configurarem espécies do mesmo gênero, "a legislação brasileira [...], ao contrário de outras legislações, não deu tratamento unitário à incorporação e fusão das sociedades", diferentemente das legislações de outros países". Bulhões[42] explica que a maior parte da doutrina estrangeira aplica esse tratamento unitário tendo em vista que "o resultado final dos dois negócios é o mesmo – a unificação de sociedades – e a diversidade de procedimentos e de alguns efeitos não justifica conceituá-los como negócios distintos".

O instituto da incorporação era, originalmente, regulado apenas na legislação que tratava de sociedades por ações. Foi primeiramente previsto na lei brasileira, por meio do Decreto-Lei nº 2.627, de 26 de setembro de 1940[43], o qual regulava as sociedades por ações, conhecido como lei do anonimato ("Lei do Anonimato"), com o objetivo de dispor sobre

[39] Bulgarelli, op. cit., p. 24.

[40] Ibidem, p. 24.

[41] Requião, Rubens. **Curso de Direito Comercial.** 23. ed. São Paulo: Saraiva, 2003, v. 2. p. 255.

[42] Lamy Filho; Bulhões, op. cit., p. 1.745.

[43] Brasil. Decreto-Lei nº 2.627, de 26 de setembro de 1940. Regia as sociedades por ações anteriormente à Lei das S.A. **Palácio do Planalto Presidência da República**, Brasília, DF, 26 set. 1940. Disponível em: <http://www.planalto.gov.br/ccivil_03/decreto-lei/Del2627.htm>. Acesso em: 18 de março de 2018.

um desdobramento da fusão[44]. A Lei do Anonimato já distinguia os institutos de incorporação e da fusão e desde antes da Lei das S.A. (artigos 152[45] e 153[46]) e regulou as normas comuns sobre direitos dos credores (art. 154[47]).

Os princípios contidos na Lei do Anonimato não foram modificados pela Lei das S.A., de forma que a nova legislação apenas teve como objetivo regular de forma mais pormenorizada os procedimentos para eficácia da incorporação, bem como direitos dos credores e de acionistas dissidentes (arts. 223 a 227 e 230 a 234 da Lei das S.A.), conforme esclarecido pela Exposição de Motivos nº 196, de 24 de junho de 1976, do Ministério da Fazenda[48].

Conforme mencionado na seção 1.2, a Lei das S.A. já estabelecia expressamente que a incorporação pode ser realizada entre sociedades de tipos iguais ou diferentes, não sendo, portanto, restrita às sociedades por ações. O Código Civil, com sua edição em 10 de janeiro de 2002, reproduziu em seu art. 1.116 o disposto no art. 227 da Lei das S.A., bem como regulamentou nos arts. 1.117 e 1.118 os procedimentos para tornar a operação válida e eficaz às sociedades limitadas e demais sociedade de pessoas[49].

[44] Bulgarelli, op. cit. p. 76.

[45] O art. 152, *caput*, da Lei do Anonimato prevê que: "Art. 152. A incorporação é a operação pela qual uma ou mais sociedades são absorvidas por outra, que lhes sucede em todos os direitos e obrigações".

[46] O art. 153, *caput*, da Lei do Anonimato prevê que: "A fusão é a operação pela qual se unem duas ou mais sociedades para formar sociedade nova, que lhes sucederá em todos os direitos e obrigações".

[47] O art. 154, *caput*, da Lei do Anonimato prevê que: "Art. 154. Até três meses após a publicação dos atos relativos à incorporação ou à fusão, qualquer credor anterior, por ela prejudicado, poderá pleitear, judicialmente, a anulação da operação".

[48] Ministério da Fazenda. Exposição de Motivos nº 196. Brasília, 1976. Disponível em: <http://www.cvm.gov.br/export/sites/cvm/legislacao/leis-decretos/anexos/EM196-Lei6404.pdf>. Acesso em: 18 de março de 2018.

[49] Isso porque o art. 2.033. do Código Civil prevê que: "Art. 2.033: Salvo o disposto em lei especial, as modificações dos atos constitutivos das pessoas jurídicas referidas no art. 44, bem como a sua transformação, incorporação, cisão ou fusão, regem-se desde logo por este Código". O art. 44 do Código Civil prevê que: "Art. 44. São pessoas jurídicas de direito privado: I – as associações; II – as sociedades; III – as fundações; IV – as organizações religiosas; V – os partidos políticos; VI – as empresas individuais de responsabilidade limitada."

Dessa forma, conforme explica Fábio Coelho, as operações de incorporação em que: (i) haja a participação de ao menos uma sociedade por ações, devem ser regidas pela Lei das S.A.; e (ii) não haja a participação de nenhuma sociedade por ações, devem ser regidas pelo Código Civil[50].

Com relação à natureza jurídica, após a regulamentação da incorporação na Lei do Anonimato, houve uma minoria de doutrinadores[51] que entendia que a incorporação tinha natureza contratual, sob influência da doutrina italiana. Isso porque a Lei do Anonimato previa que as sociedades envolvidas (tanto incorporadoras quanto incorporadas) deveriam aprovar, previamente seus órgãos sociais, as "bases da operação". Apesar de não haver disposição expressa sobre a forma e os procedimentos para formalizar a aprovação das "bases da operação", foi considerado um "pré-contrato"[52] assinado pelos diretores das sociedades, tratando-se, portanto, de um negócio bilateral ou plurilateral com base nessa obrigação.

Já a posição majoritária dos doutrinadores da época, sob a influência da doutrina alemã e Trajano Miranda Valverde[53], adotou a chamada corrente corporativa que entendia o instituto como mero aumento de capital da sociedade incorporadora, mediante subscrição e integralização de capital pela incorporada e sua consequente extinção, ou alteração do estatuto social da sociedade incorporadora.

Por sua vez, Bulgarelli segue uma corrente mista ao entender que a incorporação é um instituto jurídico típico, com um processo eminentemente societário[54] previsto em lei para uma função econômico-social específica[55].

[50] Coelho, 2003, op. cit., p.217.

[51] Bulgarelli cita Pontes de Miranda como doutrinador a favor da corrente contratual. Bulgarelli, op. cit., p. 100.

[52] Bulgarelli, op. cit., p. 143.

[53] Valverde defende que "pouco importa que as bases para a fusão ou a incorporação tenham sido objeto, o que é natural, de acordos ou convenções prévios entre as sociedades que se vão se fundir. Isto não desclassifica o ato ou o negócio jurídico. Sem a aprovação, pela assembleia geral, das bases ou condições da fusão ou da incorporação, o negócio é legalmente impossível." Valverde, Trajano de Miranda. **Sociedades por Ações**. 2. ed. Rio de Janeiro: Ed. Forense, 1953, v. III. p. 79.

[54] Bulgarelli, op. cit., p. 217.

[55] Bulgarelli, op. cit., p. 158.

1.3. Procedimento da Incorporação

A operação de incorporação envolvendo, ao menos, uma sociedade por ações, terá as seguintes fases[56]: (i) fase preparatória: os administradores ou acionistas das sociedades negociam os termos e condições da incorporação, mediante celebração do protocolo e justificação da incorporação e preparação do laudo de avaliação (arts. 224, 225 e 226 da Lei das S.A.); (ii) fase de aprovação: os acionistas das sociedades aprovam, por meio de assembleias gerais, o protocolo e justificação da incorporação e a operação (arts. 225 e 227, §1º e §2º da Lei das S.A.); e (iii) fase de formalização: os administradores realizarão o arquivamento e publicação dos atos societários da incorporação (art. 227, §3º).

O Código Civil adota a sistemática prevista na Lei das S.A. com relação à incorporação envolvendo sociedade de pessoas e o regime de procedimentos ali dispostos, conforme refletidos nos arts. 1.117 e 1.118.

1.3.1. *Fase preparatória*

1.3.1.1. *Protocolo*

Na fase preparatória, a Lei das S.A. exige expressamente que os termos e condições da incorporação devem ser formalizados mediante a elaboração e assinatura do protocolo e justificação (arts. 224 e 225), enquanto o Código Civil incorporou a redação da Lei do Anonimato, ordenando apenas a aprovação das "bases da operação", sem referência expressa aos documentos.

Portanto, conforme ensina Carvalhosa[57], no caso de incorporação envolvendo apenas sociedades reguladas pelo Código Civil, não é obrigatória a elaboração do protocolo e justificação. Não obstante, com base no art. 1.053[58], parágrafo único, do Código Civil, caso a operação envolva sociedades limitadas que sejam regidas, de forma supletiva, pela Lei das

[56] EIZIRIK, 2015a, op. cit., p. 132.

[57] CARVALHOSA, Modesto. **Comentários ao Código Civil: parte especial. Do Direito da Empresa (artigos 1.052 a 1.195)**. 2. Ed. São Paulo: Saraiva, 2005, v. 13. p. 520.

[58] O art. 1.053 do Código Civil prevê que: "Art. 1.053: A sociedade limitada rege-se, nas omissões deste Capítulo, pelas normas da sociedade simples. Parágrafo único. O contrato social poderá prever a regência supletiva da sociedade limitada pelas normas da sociedade anônima".

S.A., conforme previsto expressamente em seu contrato social[59], deverão elaborar protocolo e justificação nos termos da Lei das S.A., em razão do Código Civil ser omisso quanto a aprovação das "bases da operação".

Apesar de ter havido controvérsia entre os doutrinadores[60] no passado em relação à natureza jurídica do protocolo, tendo sido considerado um "pré-contrato", é pacífico na doutrina que o protocolo (i) constitui uma proposta de deliberação das assembleias gerais, não possuindo natureza contratual; e (ii) deve conter as informações necessárias da operação para os acionistas das decidirem pela sua rejeição ou aprovação.

No caso de sociedades reguladas pela Lei das S.A., os diretores ou acionistas das sociedades devem negociar os termos e condições da incorporação que integrarão o protocolo da operação, o qual deve conter, ao menos, as seguintes informações, conforme exigido pelo art. 224[61] da lei das S.A.:

(i) *Relação de substituição*

Na incorporação, como as ações detidas pelos acionistas da sociedade incorporada são extintas, estes passarão a deter as ações da incorporadora. Para isso, o protocolo deve estabelecer o número, espécie e classe das ações da incorporadora que serão atribuídas em substituição dos

[59] Como a Lei das S.A. regula de forma mais pormenorizada as formalidades e procedimentos a serem observados para implementação das reorganizações societárias e outros aspectos societários, a fim de evitar questionamentos e interpretações diversas, com base no art. 1.053, parágrafo único, do Código Civil, é prática de mercado incluir nos contratos sociais a previsão expressa sobre a regência supletiva de sociedades limitadas à Lei das S.A.

[60] BULGARELLI, op. cit., p. 212; EIZIRIK, op. cit. p. 105; LAMY FILHO; BULHÕES, op. cit., p. 1757.

[61] O art. 224 prevê que: "As condições da incorporação, fusão ou cisão com incorporação em sociedade existente constarão de protocolo firmado pelos órgãos de administração ou sócios das sociedades interessadas, que incluirá: I – o número, espécie e classe das ações que serão atribuídas em substituição dos direitos de sócios que se extinguirão e os critérios utilizados para determinar as relações de substituição; II – os elementos ativos e passivos que formarão cada parcela do patrimônio, no caso de cisão; III – os critérios de avaliação do patrimônio líquido, a data a que será referida a avaliação, e o tratamento das variações patrimoniais posteriores; IV – a solução a ser adotada quanto às ações ou quotas do capital de uma das sociedades possuídas por outra; V – o valor do capital das sociedades a serem criadas ou do aumento ou redução do capital das sociedades que forem parte na operação; VI – o projeto ou projetos de estatuto, ou de alterações estatutárias, que deverão ser aprovados para efetivar a operação; VII – todas as demais condições a que estiver sujeita a operação."

direitos de acionistas que se extinguirão com a incorporação, direitos estes que podem ser diferentes daqueles que tinham.

A Lei das S.A. não prevê que a avaliação da relação de substituição seja definida por laudos de avaliação por peritos independentes, nem define os critérios da relação de substituição[62]. Entretanto, importante ressaltar que no caso de incorporação envolvendo companhias de capital aberto, conforme interpretação da Comissão de Valores Mobiliários ("CVM")[63] ao artigo 115, §1º da Lei das S.A. (que trata do impedimento de voto de acionista controlador)[64], o acionista controlador não poderia votar em caso de relação de substituição que possa beneficiá-lo de modo particular. Para coibir eventuais abusos do controlador, a CVM criou determinadas regras, conforme serão mencionadas na seção 1.8.

Isto posto, as sociedades possuem liberdade para definir o método de avaliação para determinar a relação de substituição, seja com base na cotação das ações das sociedades em bolsa (no caso de companhias de capital aberto), no valor do patrimônio líquido (incluídos ou não os intangíveis), valor estimado de lucros ou fluxos de caixa futuros ou projeção de benefícios decorrentes da incorporação[65].

Não obstante, ainda que não haja regras definidas a respeito, os critérios adotados devem representar de forma adequada o valor das ações das sociedades, com o objetivo de não gerar prejuízos aos acionistas minoritários[66].

[62] Eizirik, 2015a, op. cit., p. 110.

[63] Kalansky, Daniel. **Incorporação de Ações: Estudo de Casos e Precedentes**. São Paulo: Saraiva, 2012. p. 102.

[64] O art. 15 da Lei das S.A. prevê que: "Art. 115. O acionista deve exercer o direito a voto no interesse da companhia; considerar-se-á abusivo o voto exercido com o fim de causar dano à companhia ou a outros acionistas, ou de obter, para si ou para outrem, vantagem a que não faz jus e de que resulte, ou possa resultar, prejuízo para a companhia ou para outros acionistas. §1º o acionista não poderá votar nas deliberações da assembleia-geral relativas ao laudo de avaliação de bens com que concorrer para a formação do capital social e à aprovação de suas contas como administrador, nem em quaisquer outras que puderem beneficiá-lo de modo particular, ou em que tiver interesse conflitante com o da companhia."

[65] Lamy Filho; Bulhões, op. cit., p. 1764.

[66] Eizirik, 2015a, op. cit., p. 109 e 110.

(ii) *Aumento do capital social*

O protocolo deve estabelecer, se houver[67], o valor do aumento de capital da incorporadora para criação das ações que substituirão as ações a serem extintas da incorporada.

Tal valor será determinado com base (i) no número de ações de emissão da incorporadora a serem criadas em decorrência da extinção das ações da incorporada, de acordo com a avaliação da relação de substituição; e (ii) na parcela do preço de emissão das novas ações destinadas à formação de capital[68].

Assim como no caso de avaliação da relação de substituição, as sociedades possuem liberdade para escolha do método para avaliação da parcela do preço de emissão das novas ações, desde que os peritos nomeados para avaliar o patrimônio líquido da incorporada determinem que o valor do patrimônio líquido a ser vertido ao capital social da incorporadora seja ao menos igual ao montante do capital a realizar, nos termos do artigo 226 da Lei das S.A.[69].

Dessa forma, deve haver a compatibilização entre (i) o número de ações a serem criadas com o valor do capital social a ser formado e (ii) o patrimônio líquido a ser vertido[70].

Adicionalmente, não é facultado aos acionistas o exercício do direito de preferência, posto que, na incorporação, não ocorre a subscrição de ações pelos acionistas, e sim substituição de ações decorrente da absorção do patrimônio líquido da incorporada na incorporadora[71].

[67] Não haverá aumento de capital em casos de incorporação de (i) subsidiária integral, posto que os acionistas da incorporadora já são também da incorporada, de forma que não haverá novo acionista; e (ii) sociedade com patrimônio negativo, caso a incorporadora possua lucros acumulados ou reservas para absorver o patrimônio negativo da incorporada, conforme se indica a seguir.

[68] Eizirik, 2015a, op. cit., p. 112 e 113.

[69] Conforme previsto no art. 226 da Lei das S.A., "as operações de incorporação, fusão e cisão somente poderão ser efetivadas nas condições aprovadas se os peritos nomeados determinarem que o valor do patrimônio ou patrimônios líquidos a serem vertidos para a formação de capital social é, ao menos, igual ao montante do capital a realizar."

[70] Lamy Filho; Bulhões, op. cit., p. 1774.

[71] Eizirik, 2015a, op. cit., p. 113.

(iii) *Avaliação do patrimônio líquido*

O protocolo deve estabelecer a data do balanço da incorporada e os critérios de avaliação do seu patrimônio líquido.

Nos termos do artigo 227, §1º da Lei das S.A.[72], a Assembleia Geral da incorporadora deve nomear peritos para avaliar o patrimônio líquido da incorporada que será vertido no capital social da incorporadora.

Diferentemente da determinação da relação de substituição e da parcela do preço de emissão das novas ações, a lei exige a nomeação de 3 peritos ou de entidade especializada, conforme definido no artigo 8º da Lei das S.A. para formação de capital em bens, para avaliação do patrimônio líquido da incorporada, de acordo com o critério que considerar mais adequado, sendo os mais utilizados[73]: (i) contábil; (ii) valor do patrimônio líquido, com base na avaliação dos bens a preço de mercado; (iii) valor presente com base na rentabilidade do patrimônio no passado ou expectativa de rentabilidade no futuro; (iv) valor presente do fluxo líquido de caixa previsto no futuro; e (v) valor com base na cotação das ações das sociedades em bolsa (no caso de companhias de capital aberto).

Adicionalmente, como são diferentes as datas do balanço da incorporada que serve como base para a avaliação feita e da realização das Assembleias Gerais que aprovam a incorporação, a lei das S.A. estabelece que o protocolo deve prever o tratamento a ser dado com relação às variações patrimoniais ocorridas entre tal transcurso de tempo.

Por fim, como a Lei das S.A. não veda a incorporação envolvendo uma sociedade a ser incorporada com patrimônio líquido negativo ou nulo, conforme Lamy[74], grande parte da doutrina entende que é possível a incorporação nesse caso, de modo que não haverá aumento de capital da incorporadora.

Da mesma forma que previsto na Lei das S.A., no caso de sociedades regidas pelo Código Civil, também é indispensável a preparação do laudo de avaliação da sociedade a ser incorporada, conforme dispõe o art. 1.117, §2º do Código Civil.

[72] Conforme previsto no §1º do art. 227 da Lei das S.A., "A assembleia geral da companhia incorporadora, se aprovar o protocolo da operação, deverá autorizar o aumento de capital a ser subscrito e realizado pela incorporada mediante versão do seu patrimônio líquido, e nomear os peritos que o avaliarão."

[73] Lamy Filho; Bulhões, op. cit., p. 1779.

[74] Lamy Filho; Bulhões, op. cit., p. 1785.

(iv) *Ações de uma sociedade detida pela outra*

Caso as ações da incorporada sejam de propriedade da incorporadora e vice-versa, a Lei das S.A. requer que o protocolo estabeleça o tratamento a ser dado às ações da incorporada detidas pela incorporadora, quais sejam: sejam extintas ou substituídas por ações em tesouraria da incorporadora, até o limite dos lucros acumulados e reservas, exceto a legal, nos termos do artigo 226, §1º da Lei das S.A..

(v) *Projeto de estatuto da incorporadora*

Por fim, o protocolo deve conter o projeto do estatuto social da incorporadora, prevendo, entre outros, os novos direitos atribuídos aos acionistas da incorporadora.

1.3.1.2. *Justificação*

A Lei das S.A. estabelece que o protocolo deve ser acompanhado da justificação com o objetivo de disponibilizar às Assembleias Gerais toda as informações necessárias para demonstrar aos acionistas os interesses e benefícios que serão gerados às sociedades caso implementem a operação.

A justificação deve conter, ao menos, as seguintes informações, nos termos do art. 225[75] da lei das S.A.: (i) os motivos da operação; (ii) o interesse da companhia na sua realização; (iii) as ações que os acionistas preferenciais receberão e as razões para a modificação dos seus direitos, se prevista; (iv) composição acionária da incorporadora, após a incorporação; e (v) o valor de reembolso das ações a que terão direito os acionistas dissidentes.

[75] O art. 225 da Lei das .S.A. prevê que: "as operações de incorporação, fusão e cisão serão submetidas à deliberação da assembleia-geral das companhias interessadas mediante justificação, na qual serão expostos: I – os motivos ou fins da operação, e o interesse da companhia na sua realização; II – as ações que os acionistas preferenciais receberão e as razões para a modificação dos seus direitos, se prevista; III – a composição, após a operação, segundo espécies e classes das ações, do capital das companhias que deverão emitir ações em substituição às que se deverão extinguir; IV – o valor de reembolso das ações a que terão direito os acionistas dissidentes."

1.3.2. *Fase de aprovação*

Para aprovação da incorporação, na prática, são realizadas apenas duas Assembleias Gerais ou reuniões de sócios, conforme o caso, uma da incorporada e outra da incorporadora.

Na Assembleia Geral ou reunião de sócios da incorporada, (i) os acionistas com participação de, no mínimo, metade das ações com direito a voto[76] ou (ii) sócios com participação no mínimo, a três quartos do capital social[77] (exceto se o estatuto prever quórum maior), conforme o caso, deverão[78] (a) aprovar o protocolo e justificação da incorporação e (b) autorizar os diretores a praticar todos os atos necessários para a incorporação.

Tanto a Lei das S.A. quanto o Código Civil facultam aos acionistas ou sócios dissidentes da incorporada o direito à retirada na Assembleia ou reunião, exceto o acionista detentor de ação de espécie ou classe que tenha liquidez e dispersão no mercado[79].

[76] O inciso IV do art. 136 da Lei das S.A. prevê que: "é necessária a aprovação de acionistas que representem metade, no mínimo, das ações com direito a voto, se maior quórum não for exigido pelo estatuto da companhia cujas ações não estejam admitidas à negociação em bolsa ou no mercado de balcão, para deliberação sobre (..) sua incorporação em outra."

[77] O inciso I do art. 1.076 do Código Civil prevê que: "Art. 1.076. Ressalvado o disposto no art. 1.061 e no § 1o do art. 1.063, as deliberações dos sócios serão tomadas: I – pelos votos correspondentes, no mínimo, a três quartos do capital social, nos casos previstos nos incisos V e VI do art. 1.071."

[78] O §2º do art. 227 da Lei das S.A. prevê que: "a sociedade que houver de ser incorporada, se aprovar o protocolo da operação, autorizará seus administradores a praticarem os atos necessários à incorporação, inclusive a subscrição do aumento de capital da incorporadora."

[79] O art. 137 da Lei das S.A. prevê que: "a aprovação das matérias previstas nos incisos I a VI e IX do art. 136 dá ao acionista dissidente o direito de retirar-se da companhia, mediante reembolso do valor das suas ações (art. 45) [...] nos casos dos incisos IV e V do art. 136, não terá direito de retirada o titular de ação de espécie ou classe que tenha liquidez e dispersão no mercado, considerando-se haver: a) liquidez, quando a espécie ou classe de ação, ou certificado que a represente, integre índice geral representativo de carteira de valores mobiliários admitido à negociação no mercado de valores mobiliários, no Brasil ou no exterior, definido pela Comissão de Valores Mobiliários; e b) dispersão, quando o acionista controlador, a sociedade controladora ou outras sociedades sob seu controle detiverem menos da metade da espécie ou classe de ação."

Na Assembleia Geral ou reunião da incorporadora[80], (i) os acionistas representando a maioria absoluta de votos[81] ou (ii) sócios com participação no mínimo, a três quartos do capital social[82] (exceto se o estatuto prever quórum maior), conforme o caso, deverão (a) ratificar a nomeação dos peritos que prepararam o laudo de avaliação do patrimônio líquido da incorporada; (b) aprovar o laudo de avaliação; (c) aprovar o protocolo e justificação da incorporação; (d) aprovar a incorporação da incorporada e (e) autorizar os diretores a praticar todos os atos necessários para a incorporação.

1.3.3. *Fase de formalização*

Após a aprovação da incorporação por meio das Assembleias Gerais ou reuniões, os administradores da incorporadora[83] realizarão (i) o arquivamento[84] dos atos societários perante as Juntas Comerciais dos Estados em que as sociedades tenham seus atos constitutivos arquivados (e filiais, conforme o caso) e (ii) a publicação dos atos societários no Diário Oficial da União ou do Estado ou do Distrito Federal, conforme o lugar em que as sociedades tenham suas sedes, e em outro jornal de grande circulação editado na localidade em que está situada a sede das sociedades, nos termos do artigo 289 da lei das S.A. e 1.152 do Código Civil.

[80] O §1º do art. 227 da Lei das S.A. prevê que: "a assembleia geral da companhia incorporadora, se aprovar o protocolo da operação, deverá autorizar o aumento de capital a ser subscrito e realizado pela incorporada mediante versão do seu patrimônio líquido, e nomear os peritos que o avaliarão."

[81] A Lei das S.A. não prevê que a incorporação pela Assembleia Geral da incorporadora depende de quórum especial. Portanto, é aplicável a disposição do art. 129 da Lei das S.A., o qual prevê que: "as deliberações da assembleia geral, ressalvadas as exceções previstas em lei, serão tomadas por maioria absoluta de votos, não se computando os votos em branco."

[82] O inciso I do art. 1.076 do Código Civil prevê que: "Art. 1.076. Ressalvado o disposto no art. 1.061 e no § 1o do art. 1.063, as deliberações dos sócios serão tomadas: I – pelos votos correspondentes, no mínimo, a três quartos do capital social, nos casos previstos nos incisos V e VI do art. 1.071."

[83] O §3º do art. 227 da Lei das S.A. prevê que: "aprovados pela assembleia geral da incorporadora o laudo de avaliação e a incorporação, extingue-se a incorporada, competindo à primeira promover o arquivamento e a publicação dos atos da incorpora".

[84] Os efeitos do arquivamento das atas das Assembleias Gerais que aprovarem a incorporação retroagem à data de sua realização se apresentadas para registro perante as Juntas Comerciais competentes no prazo de 30 (trinta) dias da referida data, nos termos do art. 36 da lei 9.934 de 18 de novembro de 1994.

É pacífico na doutrina[85] que o arquivamento (e publicação) dos atos societários perante a Junta Comercial competente não possui natureza constitutiva, tendo como função a produção de efeitos perante terceiros.

Adicionalmente, após o arquivamento dos atos societários que aprovaram a incorporação perante a Junta Comercial, os administradores da incorporadora devem solicitar o cancelamento do Cadastro Nacional da Pessoa Jurídica ("CNPJ") da sociedade incorporada perante a Receita Federal, nos termos da Instrução Normativa RFB nº 1634, de 06 de maio de 2016[86] ("IN 1634/2016"), bem como das outras inscrições que esta tenha perante outros órgãos no Brasil.

1.4. Efeitos da Incorporação

Implementada a incorporação, a incorporada será extinta sem liquidação e a incorporadora será sua sucessora universal, sucedendo-lhe em todos os seus bens, direitos e obrigações.

Para comprovação de que a incorporadora é a sucessora universal da incorporada perante registros públicos competentes, a Lei das S.A.[87] estabelece que os administradores da incorporadora devem averbar a certidão emitida pela Junta Comercial que arquivou os atos societários da incorporação perante tais órgãos.

1.5. Direito de Retirada dos Acionistas Dissidentes

Os acionistas ou sócios dissidentes da incorporada poderão exercer o direito de retirada no prazo de 30 (trinta) dias a partir da data de publicação das atas das Assembleias Gerais ou das reuniões de sócios (conforme estabelecido na seção 1.3.3).

[85] Lamy Filho; Bulhões, op. cit., p. 1791.

[86] "Art. 27. A baixa da inscrição no CNPJ da entidade ou do estabelecimento filial deve ser solicitada até o 5º (quinto) dia útil do 2º (segundo) mês subsequente ao da ocorrência de sua extinção, nas seguintes situações, conforme o caso: II – incorporação" Receita Federal do Brasil. Instrução Normativa RFB nº 1634, de 06 de maio de 2016. Disponível em: <http://normas.receita.fazenda.gov.br/sijut2consulta/link.action?visao=anotado&idAto=73658#1624555>. Acesso em: 5 ago. 2018.

[87] O art. 234 da Lei das S.A. prevê que: "a certidão, passada pelo registro do comércio, da incorporação, fusão ou cisão, é documento hábil para a averbação, nos registros públicos competentes, da sucessão, decorrente da operação, em bens, direitos e obrigações."

Não obstante, nos termos do art. 137, §3º da Lei das S.A., o pagamento do preço do reembolso das ações não será efetivado, caso os órgãos de administração entendam que o valor a ser despendido pela sociedade para os acionistas ou sócios dissidentes será oneroso a ponto de pôr em risco a estabilidade financeira da sociedade. Nesse caso, os mesmos poderão convocar nova assembleia geral para reconsiderar a aprovação da incorporação no prazo de 10 (dez) dias a contar do prazo em que os acionistas ou sócios dissidentes da incorporada poderão exercer o direito de retirada.

1.6. Direitos dos Debenturistas

Nos termos do artigo 231 da Lei das S.A., a incorporação está sujeita à prévia aprovação dos titulares de debêntures de emissão da incorporada, mediante Assembleia Geral de debenturistas convocada especialmente para tais fins, mediante quórum de aprovação da maioria dos debenturistas presentes na assembleia, exceto se a escritura de emissão não estabelecer maior quórum[88].

Debêntures[89] são valores mobiliários emitidos por sociedades por ações, representativos de dívida, que conferem aos seus titulares (i.e. os debenturistas) direito de crédito contra tais sociedades, nos termos da respectiva escritura de emissão de debentures.

A referida incorporação da sociedade emissora das debêntures ocasiona uma novação subjetiva[90], tendo em vista que esta é sucedida pela incorporadora, tornando-se a devedora dos debenturistas, o que acarreta a constituição de um novo vínculo obrigacional entre os debenturistas e a incorporadora.

Conforme esclarece o professor Lazzareschi[91], os debenturistas apenas deverão se manifestar sobre a concordância ou não da novação subjetiva resultante da incorporação, não cabendo a eles a deliberação sobre a operação em si, já que esta decisão deve ser tomada pelos acionistas.

[88] Eizirik, 2015a, op. cit., p. 160.

[89] O art. 52 da Lei das S.A. prevê que: "A companhia poderá emitir debêntures que conferirão aos seus titulares direito de crédito contra ela, nas condições constantes da escritura de emissão e, se houver, do certificado".

[90] Ibidem, p. 159.

[91] Lazzareschi Neto, Alfredo Sérgio. **Lei das Sociedades por Ações Anotada.** 4. ed. São Paulo: Editora Saraiva. 2012. p. 716.

Não obstante, o 1º do artigo 231 da Lei das S.A.[92] dispensa a realização Assembleia Geral de debenturistas para aprovação da incorporação, caso a incorporada estabeleça no protocolo que as debêntures dos titulares que assim o desejarem serão resgatadas no prazo mínimo de seis meses a contar da data da publicação das atas das Assembleias que aprovarem a incorporação.

Ainda, caso os debenturistas desaprovem a novação, a incorporação não poderá ser efetivada ou a incorporada deverá prever o resgate das debêntures no protocolo, nos termos do §1º do artigo 231 da Lei das S.A.

1.7. Oposição dos Credores

A Lei das S.A. e o Código Civil asseguram aos credores o direito de se opor à operação, mediante a proposição de ação de anulação, que (i) tenham créditos perante a incorporada constituídos anteriormente à incorporação e (ii) tenham sido prejudicados em decorrência da incorporação.

O prazo para oposição é contado a partir da data da publicação da ata da assembleia geral que aprovar a incorporação (ver seção 1.3.3), sendo (i) até 60 dias[93] no caso de incorporação envolvendo sociedades por ações e (ii) até 90 dias[94] no caso de incorporação envolvendo sociedades de outros tipos societários.

[92] O §1º do artigo 231 da Lei das S.A. prevê que: "Será dispensada a aprovação pela assembleia se for assegurado aos debenturistas que o desejarem, durante o prazo mínimo de 6 (seis) meses a contar da data da publicação das atas das assembleias relativas à operação, o resgate das debêntures de que forem titulares."

[93] O art. 232 da Lei das S.A. prevê que: "Art. 232. Até 60 (sessenta) dias depois de publicados os atos relativos à incorporação ou à fusão, o credor anterior por ela prejudicado poderá pleitear judicialmente a anulação da operação; findo o prazo, decairá do direito o credor que não o tiver exercido. § 1º A consignação da importância em pagamento prejudicará a anulação pleiteada. § 2º Sendo ilíquida a dívida, a sociedade poderá garantir-lhe a execução, suspendendo-se o processo de anulação."

[94] O art. 1.122 do Código Civil prevê que: "Art. 1.122: Até noventa dias após publicados os atos relativos à incorporação [...], o credor anterior, por ela prejudicado, poderá promover judicialmente a anulação deles."

1.8. Incorporação de Companhia Controlada

No caso de incorporação entre sociedades por ações que sejam controlada e controladora, por tratar-se de operação entre "partes relacionadas" e que, portanto, demandaria maior proteção dos acionistas minoritários para evitar abusos do controlador[95], o art. 264 da Lei das S.A. estabelece procedimento especial que deve ser observado pelas companhias abertas envolvidas na operação.

De acordo com esse procedimento[96], o protocolo e justificação a serem apresentados à assembleia geral da incorporada devem conter, além das informações indicadas na seção 1.3.1, o cálculo das relações de substituição das ações dos acionistas não controladores da controlada com base no valor do patrimônio líquido das ações da controladora e da controlada, de forma que os dois patrimônios sejam avaliados, por meio de laudos de avaliação, de acordo com os mesmos critérios e na mesma data, a preços de mercado, ou com base em outro critério aceito pela CVM, no caso de companhias abertas.

[95] Eizirik, 2015a, op. cit., p. 413.

[96] O art. 264 da Lei das S.A. prevê que: "Art. 264. Na incorporação, pela controladora, de companhia controlada, a justificação, apresentada à assembleia-geral da controlada, deverá conter, além das informações previstas nos arts. 224 e 225, o cálculo das relações de substituição das ações dos acionistas não controladores da controlada com base no valor do patrimônio líquido das ações da controladora e da controlada, avaliados os dois patrimônios segundo os mesmos critérios e na mesma data, a preços de mercado, ou com base em outro critério aceito pela Comissão de Valores Mobiliários, no caso de companhias abertas. §1º A avaliação dos dois patrimônios será feita por 3 (três) peritos ou empresa especializada e, no caso de companhias abertas, por empresa especializada. §2º Para efeito da comparação referida neste artigo, as ações do capital da controlada de propriedade da controladora serão avaliadas, no patrimônio desta, em conformidade com o disposto no caput. § 3º Se as relações de substituição das ações dos acionistas não controladores, previstas no protocolo da incorporação, forem menos vantajosas que as resultantes da comparação prevista neste artigo, os acionistas dissidentes da deliberação da assembleia-geral da controlada que aprovar a operação, observado o disposto nos arts. 137, II, e 230, poderão optar entre o valor de reembolso fixado nos termos do art. 45 e o valor do patrimônio líquido a preços de mercado. § 4º Aplicam-se as normas previstas neste artigo à incorporação de controladora por sua controlada, à fusão de companhia controladora com a controlada, à incorporação de ações de companhia controlada ou controladora, à incorporação, fusão e incorporação de ações de sociedades sob controle comum. §5º O disposto neste artigo não se aplica no caso de as ações do capital da controlada terem sido adquiridas no pregão da bolsa de valores ou mediante oferta pública nos termos dos artigos 257 a 263."

O atendimento dos requisitos estipulados no art. 264 da Lei das S.A. é dispensado pela Deliberação nº 559 emitida pela CVM em 18 de novembro de 2008 ("Deliberação CVM nº 559/08")[97] na hipótese de incorporação entre controlada e controladora envolvendo companhia aberta em que (i) não haja acionistas minoritários que necessitem de proteção; ou (ii) a companhia aberta seja detentora da totalidade do capital social da incorporada, de modo que a integralidade do patrimônio desta seja vertida à companhia aberta, sem acarretar aumento de capital e alteração de participação dos acionistas minoritários no capital da companhia aberta.

Ainda com relação às companhias abertas, embora a Lei das S.A. permita expressamente que o acionista controlador vote na assembleia que deliberar sobre a incorporação, operações de incorporação de sociedade controlada vêm sendo objeto de questionamentos em razão de o acionista controlador poder obter vantagem ou benefício particular em detrimentos dos demais acionistas[98]. Por tal razão, a CVM editou os Pareceres de Orientação CVM nº 34[99] em 18 de agosto de 2006 ("Parecer CVM 34") e nº 35 em 1º de setembro de 2008[100] ("Parecer CVM 35") que estabelecem o impedimento de voto do acionista controlador na deliberação acerca da incorporação, entre outras instruções não descritas nesse trabalho.

No Parecer CVM 34, a CVM se manifestou no sentido de que, em incorporações envolvendo uma companhia aberta (como incorporada ou incorporadora) e sua sociedade controladora cujo único ativo seja a participação em tal companhia aberta (sociedade holding), entre outras operações, os controladores da companhia aberta (i.e. a sociedade holding e seus acionistas, caso detenham participação direta na companhia

[97] Comissão Dos Valores Mobiliários. Deliberação CVM nº 559, de 18 de novembro de 2008. Rio de Janeiro, RJ, 18 nov. 2008. Disponível em: <http://www.cvm.gov.br/legislacao/deliberacoes/deli0500/deli559.html>. Acesso em: 18 jun. 2018.

[98] Kalansky, op. cit., p. 24.

[99] Comissão dos Valores Mobiliários. Parecer de Orientação CVM nº 34, de 18 de agosto de 2006. Rio de Janeiro, RJ, 18 ago. 2006. Disponível em: <http://www.cvm.gov.br/legislacao/pareceres-orientacao/pare034.html>. Acesso em: 18 jun. 2018.

[100] Comissão dos Valores Mobiliários. Parecer de Orientação CVM nº 35, de 1º de setembro de 2008. Rio de Janeiro, RJ, 18 ago. 2006. Disponível em: <http://www.cvm.gov.br/legislacao/pareceres-orientacao/pare035.html>. Acesso em: 18 jun. 2018.

aberta) estarão impedidos de votar, caso a relação de substituição atribua valor diferente às ações de emissão da companhia aberta.

No Parecer CVM 35, a CVM se manifestou no sentido de que, em incorporações envolvendo sociedade controladora e suas controladas ou sociedades sob controle comum, os administradores das companhias abertas, em atendimento aos deveres fiduciários, devem negociar o protocolo de incorporação a ser submetido à aprovação da assembleia geral, com observância de determinadas regras para garantir que as relações de substituição e outras condições da operação sejam determinadas mediante tratativas efetivas[101] e independentes, incluindo (i) a constituição de comitê formado, na maioria, por membros independentes para negociar a operação e recomendar ao conselho de administração; e (ii) submeter a operação à aprovação da maioria dos acionistas não controladores, incluindo titulares de ações sem direito a voto ou com voto restrito.

1.9. Sociedades Sujeitas à Incorporação

Conforme se depreende do presente Capítulo 1, houve uma evolução nas leis brasileiras de matéria societária para regular a operação, até que a Lei das S.A. positivou de forma detalhada (i) os atos societários e documentos societários; (ii) etapas; (iii) aprovações e formalidades; (iv) efeitos e (v) direitos e interesses dos acionistas e credores (incluindo os debenturistas) durante o processo de incorporação entre sociedades por ações. Ainda, o Código Civil estabeleceu regras e procedimentos de incorporações entre sociedades de tipos societários diferentes das sociedades por ações.

Da mesma forma, a referida operação já foi objeto de diversos estudos na doutrina brasileira, com posicionamento pacífico em relação à natureza jurídica e procedimentos necessários para implantação de uma clássica operação de incorporação entre sociedades brasileiras, ainda que as leis não prevejam expressamente que as sociedades envolvidas na operação devam ser obrigatoriamente brasileiras.

No entanto, desde que foi primeiramente regulado no ordenamento jurídico, em nenhum momento houve qualquer vedação expressa na participação de sociedades estrangeiras em tal operação, ao contrário de outras operações societárias como será examinado no Capítulo 2 a seguir.

[101] Eizirik, 2015a, op. cit., p. 421.

Conclui-se, portanto, que a legislação societária carece de disposição legal quanto à possibilidade de participação de sociedades estrangeiras em incorporação transfronteiriça com brasileiras (como incorporadas ou incorporadoras).

2. Distinção Entre Sociedade Estrangeira e Sociedade Brasileira

Conforme examinado no Capítulo 1, a Lei das S.A. e o Código Civil, que estabelecem regras e procedimentos de incorporações entre sociedades no Brasil, conforme o tipo societário das sociedades envolvidas, não preveem se regem operações apenas entre sociedades brasileiras ou também com a participação de sociedades estrangeiras.

Não obstante, nota-se que o sistema jurídico brasileiro faz distinto tratamento quanto à constituição e funcionamento no território nacional de sociedades brasileiras e estrangeiras, bem como impõe diversos impedimentos e restrições, principalmente, à atuação de sociedades estrangeiras, seja na atuação direta ou indireta (por meio de participação ou controle societário em sociedades brasileiras), em determinados setores de atividades considerados estratégicos para o Governo.

Dessa forma, para análise de todos os aspectos que devem ser considerados no caso de incorporação transfronteiriça de sociedade brasileira por estrangeira, no presente capítulo, são apresentadas as principais diferenças de tratamento dado pelo ordenamento jurídico brasileiro às sociedades brasileiras e estrangeiras no Brasil, incluindo procedimentos e formalidades para mudança de nacionalidade e funcionamento e, especialmente, restrições legais impostas para atuação de sociedades estrangeiras em determinadas atividades econômicas e operações societárias.

2.1. Sociedade Brasileira

2.1.1. *Reconhecimento da Personalidade Jurídica da Sociedade Estrangeira*

Conforme ensina Eduardo Espínola, os países adotam dois sistemas para reconhecimento da pessoa jurídica estrangeira, quais sejam: (i) sistema atributivo: mediante a autorização do Estado; e (ii) sistema declaratório: de pleno direito[102].

O Brasil, adotou, originalmente, o sistema declaratório ao prever, no art. 19 da lei nº 3.071, de 1º de janeiro de 1916, a primeira edição do Código Civil brasileiro ("Primeiro Código Civil"), que "serão reconhecidas as pessoas jurídicas estrangeiras".

O Decreto-Lei nº 4.657, de 4 de setembro de 1942, denominado originalmente lei de introdução ao Código Civil ("LICC"), não incorporou tal previsão em seu enunciado. Não obstante, o §1º do artigo 11 estabeleceu que pessoas jurídicas estrangeiras "não poderão, entretanto, ter no Brasil filiais, agências ou estabelecimentos antes de serem os atos constitutivos aprovados pelo Governo brasileiro". Dessa forma, a LICC manteve, implicitamente, o referido reconhecimento, com adoção do sistema atributivo.

Denota-se, portanto, que para que uma sociedade estrangeira constitua filial, agência ou estabelecimento no Brasil, estará sujeita à autorização prévia do Governo (conforme será analisada com maiores detalhes no Capítulo 2.2.1.1(i)). Porém, tem o direito de praticar e exercer os seus direitos privados no Brasil[103], como, em linhas gerais, celebrar contratos com pessoas físicas e jurídicas brasileiras, independentemente de qualquer autorização.

2.1.2. *Critérios para Atribuição de Nacionalidade à Sociedade Estrangeira*

Existem diversos critérios para determinação da nacionalidade da sociedade utilizados pelos diferentes ordenamentos jurídicos, sendo os

[102] Espinola; Espinola, op. cit., p. 141-142.

[103] Espinola, Eduardo; Espinola Filho, Eduardo. **Lei de Introdução ao Código Civil Brasileiro.** v. 3, 2ª ed, atualizada por José da Silva Pacheco. Rio de Janeiro: Renovar, 1995. p. 139.

principais[104]: (i) local de sua constituição: a nacionalidade atribuída à sociedade é a do local onde foi incorporada. Este critério é adotado por países como Inglaterra e Estados Unidos[105]; (ii) local da sua sede social: a nacionalidade atribuída à sociedade é a do local de sua sede, havendo subdivisão entre sede social estatuária e efetiva ou real. Países como França, Bélgica, Alemanha e Itália adotam o critério da sede efetiva ou real[106]; e (iii) o controle econômico: a nacionalidade atribuída à sociedade é a da nacionalidade dos seus sócios ou dirigentes.

O Primeiro Código Civil foi omisso quanto ao critério utilizado para aferir a nacionalidade da pessoa jurídica, estabelecendo apenas em seu artigo 21 que "a lei nacional das pessoas jurídicas determina-lhes a capacidade".

Já a Lei do Anonimato adotou, conjuntamente, os critérios da constituição da sociedade com o da sede social efetiva[107], estabelecendo no artigo 60 que "são nacionais as sociedades organizadas na conformidade da lei brasileira e que tem no país a sede de sua administração".

Por outro lado, a LICC optou exclusivamente pelo critério da nacionalidade segundo o local de sua constituição, dispondo no artigo 11 que "as organizações destinadas a fins de interesse coletivo, como as sociedades e as fundações, obedecem à lei do Estado em que se constituírem".

Apesar da aparente disparidade entre tais normas legais quanto ao critério de determinação da nacionalidade da sociedade, Jacob Dolinger[108] esclarece que o objetivo da LICC, ao adotar critérios da constituição da sociedade e o da sede social efetiva, seria o de sanar dúvidas quanto ao critério a ser atribuído em casos de sociedades "com laços em mais de um país", optando pelo do país da constituição da sociedade, enquanto o propósito da Lei do Anonimato seria estabelecer requi-

[104] DOLINGER, Jacob. **A Sociedade Anônima Brasileira – Critério Determinador de sua Nacionalidade**. In: Revista de direito mercantil, industrial, econômico e financeiro. São Paulo: Malheiros, v. 15, nº 23, 1996. p. 192.

[105] ALVES, Alexandre Ferreira Assumpção; ROCHA, Raphael Vieira da Fonseca. **Nacionalidade da Sociedade e Lei Aplicável**. Revista Brasileira de Direito Internacional. Minas Gerais: v1, nº 2, 2015. p. 271.

[106] ALVES, op. cit., p. 273.

[107] ALVES, op. cit., p. 275.

[108] DOLINGER, Jacob. **A Sociedade Anônima Brasileira – Critério determinador de sua Nacionalidade**. In: Revista de Direito Mercantil, Industrial, Econômico e Financeiro, nº 23. São Paulo: 1976, p. 66.

sitos para definição de sociedade por ações brasileira, exigindo que seria enquadrada como tal, desde que sua constituição e sede social sejam no Brasil. O entendimento predominante[109] é de que as sociedades por ações se regiam pelos critérios da Lei do Anonimato e que as demais sociedades se regiam pelos critérios da LICC.

Em 1976, a Lei do Anonimato foi revogada pela Lei das S.A., exceto pelas disposições que estabelecem as regras e procedimentos necessários para sociedades por ações nacionais e estrangeiras obterem autorização do Governo para funcionar no Brasil (artigos 58 a 73), que permaneceram em vigor, por força do artigo 300 da Lei das S.A.[110]. Como inovação, a Lei das S.A. adicionou novo critério para definição de "Grupo de Sociedades", exigindo que a sociedade controladora seja brasileira (art. 265)[111] e que a convenção do "Grupo de Sociedades" contenha "a declaração da nacionalidade do controle do grupo" (art. 269)[112].

Verifica-se, assim, que a legislação societária passou a utilizar os dois seguintes critérios para definição de sociedade por ações brasileira: (i) genérico, nos termos do art. 60 da Lei do Anonimato; e (ii) específico para "Grupo de Sociedades", conforme previsto nos arts. 265 e 269 da Lei das S.A.

[109] Alves, op. cit., p. 276.

[110] O art. 300 da Lei das S.A. prevê que: "Art. 300. Ficam revogados o Decreto-Lei n. 2.627, de 26 de setembro de 1940, com exceção dos artigos 59 a 73, e demais disposições em contrário".

[111] O art. 265 prevê que: "Art. 265. A sociedade controladora e suas controladas podem constituir, nos termos deste Capítulo, grupo de sociedades, mediante convenção pela qual se obriguem a combinar recursos ou esforços para a realização dos respectivos objetos, ou a participar de atividades ou empreendimentos comuns. §1º A sociedade controladora, ou de comando do grupo, deve ser brasileira, e exercer, direta ou indiretamente, e de modo permanente, o controle das sociedades filiadas, como titular de direitos de sócio ou acionista, ou mediante acordo com outros sócios ou acionistas. **§ 2º A participação recíproca das sociedades do grupo obedecerá ao disposto no artigo 244".**

[112] O art. 269, VII e parágrafo único preveem que: "Art. 269. O grupo de sociedades será constituído por convenção aprovada pelas sociedades que o componham, a qual deverá conter: (...) VII – a declaração da nacionalidade do controle do grupo; (...) Parágrafo único. Para os efeitos do número VII, o grupo de sociedades considera-se sob controle brasileiro se a sua sociedade de comando está sob o controle de: a) pessoas naturais residentes ou domiciliadas no Brasil; b) pessoas jurídicas de direito público interno; ou c) sociedade ou sociedades brasileiras que, direta ou indiretamente, estejam sob o controle das pessoas referidas nas alíneas a e b."

Em 1988, a Constituição Federal reconheceu a existência de duas espécies de sociedades, com base no critério de classificação da nacionalidade: as brasileiras e as brasileiras de capital nacional.

Nesse contexto, o ordenamento constitucional (i) recepcionou a legislação infraconstitucional ao adotar os critérios utilizados pelo art. 60 da Lei do Anonimato para conceituar "empresa brasileira" (art. 171, I) conjugando-se elementos dos critérios da constituição e da sede social efetiva; e (ii) criou o conceito de "empresa brasileira de capital nacional" (art. 171, II) como aquela controlada direta e indireta por pessoas físicas domiciliadas e residentes no Brasil ou entidades de direito público interno e sujeita à concessão de proteção e benefícios especiais para desenvolvimento de atividades consideradas estratégicas para a defesa nacional ou imprescindíveis ao desenvolvimento do Brasil ou a certas condições se atuasse em setor imprescindível ao desenvolvimento tecnológico nacional (art. 171, §1º).

No entanto, a Emenda Constitucional nº 6 de 15 de agosto de 1995 ("EC 6/95") revogou o art. 171 e alterou a redação do inciso IX do art. 170 da Constituição Federal, estabelecendo "tratamento favorecido para as empresas [sic] de pequeno porte constituídas sob as leis brasileiras e que tenham sua sede e administração no País".

De acordo com a Exposição de Motivos. nº 37, de 16 de fevereiro de 1995, do Ministério da Justiça, da Fazenda, do Planejamento e Orçamento, da Previdência e Assistência Social, da Administração e Reforma do Estado e de Minas e Energia[113], o objetivo da EC 6/95 foi

[113] O art. 171 da Constituição Federal previa que. "Art. 171. São consideradas: I – empresa brasileira a constituída sob as leis brasileiras e que tenham sua sede e administração no País; II – empresa brasileira de capital nacional aquela cujo controle esteja em caráter permanente sob a titularidade direta e indireta de pessoas físicas domiciliadas e residentes no País ou entidades de direito público interno, entendendo-se por controle efetivo da empresa a titularidade da maioria de seu capital votante e o exercício, de fato e de direito, do poder decisório para gerir suas atividades. §1º – A lei poderá, em relação à empresa brasileira de capital nacional: I – conceder proteção e benefícios especiais temporários para desenvolver atividades consideradas estratégicas para a defesa nacional ou imprescindíveis ao desenvolvimento do País; II – estabelecer, sempre que considerar um setor imprescindível ao desenvolvimento tecnológico nacional, entre outras condições e requisitos: a) a exigência de que o controle referido no inciso II do "caput" se estenda às atividades tecnológicas da empresa, assim entendido o exercício, de fato e de direito, do poder decisório para desenvolver ou absorver tecnologia; b) percentuais de participação, no capital, de pessoas físicas domiciliadas e

eliminar o conceito de "empresa brasileira de capital nacional", em especial seu tratamento preferencial em relação às sociedades estrangeiras (que passou a ser concedido somente a sociedades brasileiras de pequeno porte), a fim de atrair investimento estrangeiro, promover maior inter-relações entre as economias e eliminar reservas de mercado. Adicionalmente, a revogação do art. 171 pela EC 6/95 teve como efeito a "desconstitucionalização"[114] do conceito de sociedade brasileira, permanecendo em sede de lei ordinária.

Em 2002, o atual Código Civil revogou o Primeiro Código Civil, regendo no artigo 1.126[115], em consonância com os critérios estipulados na Lei do Anonimato, que a sociedade é considerada brasileira se (i) sua constituição ocorra em conformidade com a lei brasileira; e (ii) sua sede de administração seja situada no Brasil. Embora alguns autores[116] opinam que, com a edição do Código Civil, os dispositivos relativos às sociedades nacionais e estrangeiras que dependem de autorização do Governo previstos na Lei do Anonimato foram derrogados, parte majoritária[117] da doutrina entendeu que se mantiveram em vigor pela Lei das S.A., com regras compatíveis a do atual Código Civil.

Nesse sentido, Leonardo Régnier explica[118] que ao disciplinar a matéria de forma semelhante às normas da Lei do Anonimato, o Código

residentes no País ou entidades de direito público interno. §2º – Na aquisição de bens e serviços, o Poder Público dará tratamento preferencial, nos termos da lei, à empresa brasileira de capital nacional".

[114] Barbosa, Denis Borges. **A noção jurídica de 'empresa brasileira' após as Emendas Constitucionais de 1995**. 1996. Disponível em: http://denisbarbosa.addr.com/paginas/200/constitucional.html. Acesso em: 27 jan. 2019.

[115] O art. 1.126 do Código Civil prevê que: "Art. 1.126. É nacional a sociedade organizada de conformidade com a lei brasileira e que tenha no País a sede de sua administração. Parágrafo único. Quando a lei exigir que todos ou alguns sócios sejam brasileiros, as ações da sociedade anônima revestirão, no silêncio da lei, a forma nominativa. Qualquer que seja o tipo da sociedade, na sua sede ficará arquivada cópia autêntica do documento comprobatório da nacionalidade dos sócios".

[116] Carvalhosa, p. 569 a 570 e 574; Eizirik, 2015a, op. cit., p. 557.

[117] O autor Denis Borges Barbosa cita que este é o entendimento dos juristas Alberto Xavier, José Alexandre Tavares Guerreiro, Aurélio Agostinho da Bôaviagem, Jacob Dolinger, Alfredo Ruy Barbosa, entre outros. Barbosa, Denis Borges. **Ensaios e Estudos de Propriedade Intelectual 2014-2015**. Vol. III. 1ª ed. Rio de Janeiro: Instituto Brasileiro da Propriedade Intelectual, 2015. v. III. p. 431.

[118] Régnier, Leonardo Medeiros. Nacionalidade das sociedades comerciais. Curitiba: Juruá, 2002, pp. 230/231.

Civil aplicou às sociedades limitadas e demais sociedade de pessoas os dispositivos relativos às sociedades nacionais e estrangeiras sujeitas à autorização do Governo para funcionar. Nesse interim, os artigos 58 a 73 permanecem em vigor, sendo aplicáveis somente às sociedades por ações:

> [O] Decreto de 1940, configurando a antiga Lei das Sociedades por Ações, disciplinava apenas esse tipo societário. E mesmo depois da Lei 6.404/76 (atual Lei das Sociedades por Ações), que manteve vigorando os artigos referentes à nacionalidade, as sociedades que lhe deviam atenção eram, a rigor, apenas aquelas por ações – ainda que se pudesse (e por vezes devesse) estender a aplicação às demais sociedades. Ocorre que a partir do novo Código Civil fica ampliado o alcance das normas sobre nacionalidade, não se restringindo mais suas imposições às sociedades anônimas, mas sim, ao contrário, fazendo por alcançar todos os tipos societários – de agora em diante regulados pelo novo Estatuto civil.

Posteriormente, a LICC foi alterada pela Lei nº 12.376, de 30 de dezembro de 2010, denominada Lei de Introdução às Normas do Direito Brasileiro (LINDB)[119], atualmente em vigor, mantendo a disposição do artigo 11 da LICC, consagrando a norma geral sobre a nacionalidade societária[120] constante do art. 1.126 do Código Civil, em linha com a redação do art. 60 da Lei do Anonimato, com a adoção do critério do local da constituição para atribuição de nacionalidade da sociedade.

[119] BRASIL. Decreto-Lei nº 4.657, de 4 de setembro de 1942. **Palácio do Planalto Presidência da República**, Rio de Janeiro, RJ, 4 set. 1942. Disponível em: <http://www.planalto.gov.br/ccivil_03/Decreto-Lei/Del4657.htm> Acesso em: 18 fev. 2018.

[120] Importante ressaltar que permanecem em vigor o Decreto nº 2.400, de 21 de novembro de 1997 e Decreto nº 2.427, de 17 de dezembro de 1997 que promulgaram, respectivamente, as Convenções Interamericanas sobre Conflitos de Leis em Matéria de Sociedades Mercantis concluída em Montevidéu em 8 de maio de 1979, e sobre Personalidade e Capacidade de Pessoas Jurídicas no Direito Internacional Privado, concluída em La Paz, em 24 de maio de 1984, que (i) aplicam-se às sociedades mercantis constituídas em qualquer dos Estados ratificantes (sendo, no primeiro caso, entre Argentina, Brasil, Guatemala, México, Paraguai, Peru, Uruguai e Venezuela, e no segundo, entre Brasil, Guatemala, México e Nicarágua) e (ii) estabelecem que a existência, a capacidade, o funcionamento e a dissolução de tais sociedades são regidas pela lei do lugar de sua constituição.

2.1.3. *Procedimentos para funcionamento de sociedades brasileiras*

Dependendo da atividade que exercerão, as sociedades brasileiras devem atender determinados procedimentos para se constituírem e funcionarem. Conforme analisado no Capítulo 2.1.2, a Lei das S.A. e o Código Civil elencam as regras às sociedades nacionais e estrangeiras sujeitas à autorização do Governo para funcionar, sendo a primeira aplicável às sociedades por ações e o segundo, aos demais tipos societários.

Importante ressaltar que a sociedade por ações é regida por lei especial, aplicando-se as disposições do Código Civil nos casos omissos[121].

(i) *Atividades não sujeitas à regime especial*

Sociedades que exercerão atividades não sujeitas à autorização do Poder Público, ou seja, não regidas por lei especial, com observância das formas legais e com objeto social lícito[122], devem cumprir procedimentos *gerais*[123], que correspondem a formalidades ordinárias para constituição, mediante o registro dos seus atos constitutivos, nos termos exigidos na lei aplicável, perante o Cartório de Registro Civil das Pessoas Jurídicas ou Junta Comercial da sede da sociedade, dependendo do seu tipo societário.

(ii) *Atividades sujeitas à regime especial*

Já com relação às sociedades que exercerão atividades específicas "de relevantes razões de interesse público"[124], que são fiscalizadas e dependem de autorização do Governo para funcionar, a Lei do Anonimato e o Código Civil, conforme aplicável de acordo com o tipo societário, exigem que estas devem cumprir procedimentos *especiais*. As atividades que são sujeitas a tal prévia autorização estão elencadas na Constituição Federal e em leis infraconstitucionais[125].

[121] O art. 1.089 do Código Civil prevê que: "Art. 1.089. A sociedade anônima rege-se por lei especial, aplicando-se-lhe, nos casos omissos, as disposições deste Código."

[122] Fiuza, Ricardo. (coord) **Novo Código Civil Comentado**. 5. ed. São Paulo: Saraiva, 2006. p. 926.

[123] Carvalhosa, op. cit., p. 573.

[124] Fiuza, op cit.. p. 926.

[125] São diversas as sociedades brasileiras das quais as atividades dependem de autorização do Poder Executivo para funcionamento, entre as quais: (i) as cooperativas de crédito (ver

Em linhas gerais, o Código Civil (arts. 1.128 a 1.131 e 1.133[126]) refletiu a mesma sistemática prevista na Lei do Anonimato (arts. 61 a 63[127]),

Lei nº 4.595, de 31 de dezembro de 1964); (ii) companhias de mineração (ver Decreto-Lei nº 227, de 28 de fevereiro de 1967 e Lei nº 7.805, de 18 de julho de 1989); (iii) companhias seguradoras, as empresas de previdência privada e de capitalização (ver Decreto Lei nº 73, de 21 de novembro de 1966, Lei Complementar nº 109, de 29 de maio 2001 e Decreto-Lei nº 261, de 28 de fevereiro de 1967); (iv) empresas que prestam serviços de radiodifusão (ver Decreto nº 52.795, de 31 de outubro de 1963.); (v) empresas destinadas a pesquisa e lavra de jazidas de petróleo, refinarias ou destilarias de petróleo (ver Decreto-Lei nº 3.236, de 7 de maio de 1941 e Lei nº 6.340, de 5 de julho de 1976); e (vi) empresas de infraestrutura aeronáutica e as de comércio nas regiões aeroportuárias (ver Lei nº 7.565, de 19 de dezembro de 1986).

[126] Os arts. 1.128 a 1.131 e 1.133 do Código Civil preveem que: "Art. 1.128. O requerimento de autorização de sociedade nacional deve ser acompanhado de cópia do contrato, assinada por todos os sócios, ou, tratando-se de sociedade anônima, de cópia, autenticada pelos fundadores, dos documentos exigidos pela lei especial. Parágrafo único. Se a sociedade tiver sido constituída por escritura pública, bastará juntar-se ao requerimento a respectiva certidão. Art. 1.129. Ao Poder Executivo é facultado exigir que se procedam a alterações ou aditamento no contrato ou no estatuto, devendo os sócios, ou, tratando-se de sociedade anônima, os fundadores, cumprir as formalidades legais para revisão dos atos constitutivos, e juntar ao processo prova regular. Art. 1.130. Ao Poder Executivo é facultado recusar a autorização, se a sociedade não atender às condições econômicas, financeiras ou jurídicas especificadas em lei. Art. 1.131. Expedido o decreto de autorização, cumprirá à sociedade publicar os atos referidos nos arts. 1.128 e 1.129, em trinta dias, no órgão oficial da União, cujo exemplar representará prova para inscrição, no registro próprio, dos atos constitutivos da sociedade. Parágrafo único. A sociedade promoverá, também no órgão oficial da União e no prazo de trinta dias, a publicação do termo de inscrição. Art. 1.133. Dependem de aprovação as modificações do contrato ou do estatuto de sociedade sujeita a autorização do Poder Executivo, salvo se decorrerem de aumento do capital social, em virtude de utilização de reservas ou reavaliação do ativo."

[127] Os arts. 61 a 64 da Lei do Anonimato preveem que: "Art. 61. O requerimento ou pedido de autorização das sociedades nacionais deve ser acompanhado: a) do projeto dos estatutos; b) da lista dos subscritores, organizada como se prescreve em o art. 42; c) do documento comprobatório do depósito, em dinheiro, da décima parte do capital, se maior percentagem não for exigida pela lei especial (art. 38); d) de cópia autêntica da ata da assembleia de constituição ou certidão da escritura pública, se por essa forma se houver constituído a sociedade. §1º O Governo poderá determinar alterações ou aditamentos nos estatutos da sociedade. Verificada tal hipótese, os fundadores convocarão os subscritores, afim de que deliberem, em assembleia, que funcionará na forma prevista no art. 44, sobre as alterações ou aditamentos exigidos pelo Governo; aprovadas as alterações ou aditamentos, os fundadores juntarão ao processo de autorização cópia autêntica da ata. §2º O Governo poderá ordenar que a sociedade, cumpridas as formalidades legais para o seu funcionamento, promova, na Bolsa de Valores da Capital da República, a cotação de seus títulos. Essa determinação é

estabelecendo que a autorização de funcionamento das sociedades nacionais, de acordo com o tipo societário, estará sujeita às seguintes regras: (i) as sociedades devem requerer a autorização, mediante a apresentação de seus atos constitutivos (no caso das sociedades por ações, também é exigida a apresentação do documento comprovando a integralização, em espécie, de 10% do capital social subscrito, nos termos do Art. 80, II, da Lei das S.A., exceto se maior percentagem não for exigida pela lei especial); (ii) o Poder Executivo pode exigir alterações ou aditamentos nos documentos societários ou, ainda, atendimento aos requisitos econômicos, financeiros e jurídicos especificados em lei; (iii) caso o Poder Executivo esteja de acordo, emitirá o decreto de autorização, o qual deverá ser publicado pela sociedade e apresentado para registro no registro de comércio competente; e (iv) eventuais alterações no contrato ou estatuto social também estarão sujeitas à autorização, salvo exceções.

2.2. Sociedade Estrangeira

Como analisado no Capítulo 2.1.2, o ordenamento brasileiro não define expressamente o conceito de sociedade estrangeira. Assim, depreende-se[128] que a sociedade se caracteriza como estrangeira caso não atenda

obrigatória para as sociedades que gozem, ou venham a gozar, de favores do Governo Federal. §3º Concedida a autorização, o respectivo decreto e os demais atos a que alude este artigo deverão, mediante certidões passadas pela repartição competente e dentro de 30 (trinta) dias, depois de pagos os emolumentos e impostos devidos, ser publicados no órgão oficial da União, do qual se arquivará um exemplar no Registo do Comércio da sede da sociedade. §4º A certidão do arquivamento será publicada no referido órgão oficial. §5º Qualquer alteração ou modificação dos estatutos sociais dependerá de aprovação do Governo Federal. Art. 62. O Governo Federal poderá recusar a autorização pedida, se a sociedade anônima ou companhia não satisfizer as condições econômicas, financeiras ou jurídicas especificadas na lei, ou quando sua criação contrariar os interesses da economia nacional. Art. 63. As sociedades anônimas ou companhias nacionais, que dependem de autorização do Governo para funcionar, não poderão constituir-se sem prévia autorização, quando seus fundadores pretenderem recorrer a subscrição pública para a formação do capital. Parágrafo único. Os fundadores deverão juntar ao seu requerimento cópias autênticas do projeto dos estatutos e do prospecto (artigo 40, I e II), observando-se o disposto nos §§ 1º e 2º do art. 61. Obtida a autorização e constituída a sociedade, serão os respectivos atos arquivados e publicados, como dispõem os arts. 51 a 54".

[128] Xavier, Alberto. **Direito Tributário Internacional**. 5. ed. Rio de Janeiro: Forense, 2002. p. 505.

aos requisitos exigidos pelo art. 60 da Lei do Anonimato e pelo art. 1.126 do Código Civil. Dessa forma, a sociedade (por ações ou de outros tipos societário) será estrangeira caso: (i) sua sede de administração seja localizada fora do Brasil; e (ii) seja constituída e organizada de acordo com legislação estrangeira.

2.2.1. *Formas de atuação de sociedades estrangeiras no Brasil*

As sociedades estrangeiras, independentemente de seu tipo societário, podem atuar no Brasil de duas formas[129]: (i) diretamente, mediante o estabelecimento de filiais, sucursais e agências (sem personalidade jurídica) ou (ii) indiretamente, como sócia ou acionista de sociedade brasileira.

Nota-se que, assim como nas disposições que tratam sobre as sociedades nacionais sujeitas à autorização do Governo para funcionar, o Código Civil incorporou as regras dispostas na Lei do Anonimato para concessão de autorização do Governo para funcionamento das sociedades estrangeiras.

2.2.1.1. *Atuação direta*

Diferentemente das sociedades brasileiras, as sociedades estrangeiras são sujeitas à autorização do Governo para funcionar, independentemente do objeto social e desde que as atividades constantes do seu objeto social não sejam vedadas às sociedades estrangeiras por lei[130].

[129] Eizirik, 2015b, op. cit., p. 627.

[130] Com relação às sociedades por ações estrangeiras, o art. 64, *caput*, da Lei do Anonimato prevê que: "Art. 64. As sociedades anônimas ou companhias estrangeiras, qualquer que seja o seu objeto, não podem, sem autorização do Governo Federal, funcionar no país, por si mesmas, ou por filiais, sucursais, agências, ou estabelecimentos que as representem, podendo, todavia, ressalvados os casos expressos em lei, ser acionistas de sociedade anônima brasileira (art. 60)". Quanto às sociedades estrangeiras de outros tipos societários, o art. 134, *caput*, do Código Civil prevê que: "Art. 1.134. A sociedade estrangeira, qualquer que seja o seu objeto, não pode, sem autorização do Poder Executivo, funcionar no País, ainda que por estabelecimentos subordinados, podendo, todavia, ressalvados os casos expressos em lei, ser acionista de sociedade anônima brasileira". Da mesma forma, o art. 12 da Instrução Normativa DREI nº 7, de 5 de dezembro de 2013 prevê que: "Art. 12. A sociedade empresária estrangeira não poderá realizar, no Brasil, atividades constantes do seu objeto social vedadas às sociedades estrangeiras e somente poderá exercer as que dependam da aprovação prévia de órgão governamental, sob as condições autorizadas". Departamento de Registro Empresarial e Integração – DREI. Instrução Normativa DREI nº 7, de 5 de dezembro de 2013.

(i) *Procedimentos para obtenção de autorização para funcionamento de sociedades estrangeiras*

A Lei do Anonimato (art. 64, *caput*[131]) e o Código Civil (art. 1.134, *caput*[132]) dispõem que a autorização prévia é exigida para o funcionamento de sociedades estrangeiras no Brasil, ainda que por filiais, sucursais, agências ou estabelecimentos ou "estabelecimentos subordinados", conforme o caso (por "estabelecimento subordinado", o Código Civil[133] define como todo complexo de bens organizado para exercício da empresa, incluindo suas filiais, sucursais e agências, a sociedade estrangeira é sujeita à autorização prévia para tais fins para que o Governo tenha controle sobre as atividades a serem desempenhas por sociedades estrangeiras no Brasil).

Para obtenção da autorização para funcionamento e realização do registro de seu estabelecimento no Brasil, os seguintes procedimentos devem ser adotados: (i) primeiramente, a sociedade estrangeira deve fazer o pedido de autorização de funcionamento ao Ministério da Indústria, Comércio Exterior e Serviços[134-135], mediante a apresentação da documentação exigida pela Lei do Anonimato (art. 64, Parágrafo

Disponível em: <http://www.mdic.gov.br/images/REPOSITORIO/SEMPE/DREI/INs_EM_VIGOR/IN-DREI-07-2013-alterada-pela-IN-25-2014.pdf>. Acesso em: 10 jun. 2010.

[131] O art. 64, *caput*, da Lei do Anonimato prevê que: "Art. 64. As sociedades anônimas ou companhias estrangeiras, qualquer que seja o seu objeto, não podem, sem autorização do Governo Federal, funcionar no país, por si mesmas, ou por filiais, sucursais, agências, ou estabelecimentos que as representem, podendo, todavia, ressalvados os casos expressos em lei, ser acionistas de sociedade anônima brasileira (art. 60)".

[132] O art. 1.134 do Código Civil prevê que: "Art. 1.134. A sociedade estrangeira, qualquer que seja o seu objeto, não pode, sem autorização do Poder Executivo, funcionar no País, ainda que por estabelecimentos subordinados, podendo, todavia, ressalvados os casos expressos em lei, ser acionista de sociedade anônima brasileira".

[133] O art. 1.142 do Código Civil prevê que: "Art. 1.142. Considera-se estabelecimento todo complexo de bens organizado, para exercício da empresa, por empresário, ou por sociedade empresária".

[134] BRASIL. Decreto nº 8.803, de 6 de julho de 2016. **Palácio do Planalto Presidência da República**, Brasília, DF, 6 jul. 2016 Disponível em: <http://www2.camara.leg.br/legin/fed/decret/2016/decreto-8803-6-julho-2016-783325-publicacaooriginal-150728-pe.html>. Acesso em: 10 jun. 2018.

[135] MINISTÉRIO DA INDÚSTRIA, COMÉRCIO EXTERIOR E SERVIÇOS. Portaria nº 1.391, de 11 de julho de 2016. Disponível em: <http://imprensanacional.gov.br/materia/-/asset_publisher/Kujrw0TZC2Mb/content/id/14516754>. Acesso em: 10 jun. 2018.

Único[136]) ou pelo Código Civil (art. 1.134, § 1º[137]), conforme o caso (devidamente autenticados, conforme a lei estrangeira aplicável, legalizados no consulado brasileiro da respectiva sede e acompanhados de tradução juramentada) ao Departamento de Registro Empresarial e Integração ("DREI")[138]; (ii) caso seja concedida[139], a autorização ocorrerá mediante a publicação de decreto no Diário Oficial da União; (iii) concedida a autorização de instalação e funcionamento, os documentos

[136] O art. 64, *caput*, da Lei do Anonimato prevê que: "Art. 64. Parágrafo único. O pedido ou requerimento de autorização deve ser instruído com: a) prova de achar-se a sociedade constituída conforme a lei de seu país; b) o inteiro teor dos estatutos; c) a lista dos acionistas, com os nomes, profissões, domicílios e número de ações de cada um, salvo quando, por serem as ações ao portador, for impossível cumprir tal exigência; d) cópia da ata da assembleia geral que autorizou o funcionamento no Brasil e fixou o capital destinado às operações no território nacional; e) prova de nomeação do representante no Brasil, ao qual devem ser concedidos poderes para aceitar as condições em que é dada a autorização: f) o último balanço".

[137] "Art. 1.134, §1º Ao requerimento de autorização devem juntar-se: I – prova de se achar a sociedade constituída conforme a lei de seu país; II – inteiro teor do contrato ou do estatuto; III – relação dos membros de todos os órgãos da administração da sociedade, com nome, nacionalidade, profissão, domicílio e, salvo quanto a ações ao portador, o valor da participação de cada um no capital da sociedade; IV – cópia do ato que autorizou o funcionamento no Brasil e fixou o capital destinado às operações no território nacional; V – prova de nomeação do representante no Brasil, com poderes expressos para aceitar as condições exigidas para a autorização; VI – último balanço.§2º Os documentos serão autenticados, de conformidade com a lei nacional da sociedade requerente, legalizados no consulado brasileiro da respectiva sede e acompanhados de tradução em vernáculo."

[138] O art. 1º da Instrução Normativa DREI nº 7, de 5 de dezembro de 2013 prevê que: "Art. 1º – A sociedade empresária estrangeira, que desejar estabelecer filial, sucursal, agência ou estabelecimento no Brasil, deverá solicitar autorização do Governo Federal para instalação e funcionamento, em requerimento dirigido ao Ministro de Estado Chefe da Secretaria da Micro e Pequena Empresa da Presidência da República, protocolizado no Departamento de Registro Empresarial e Integração – DREI, que o examinará sem prejuízo da competência de outros órgãos federais."

[139] O art. 65, *caput*, da Lei do Anonimato prevê que: "Art. 65. O Governo Federal, na autorização, poderá estabelecer as condições que julgar convenientes à defesa dos interesses nacionais, além das exigidas por lei especial, inclusive a constante do art. 61, § 2º. O art. 1.135, *caput*, do Código Civil prevê que: "Art. 1.135. É facultado ao Poder Executivo, para conceder a autorização, estabelecer condições convenientes à defesa dos interesses nacionais. Parágrafo único. Aceitas as condições, expedirá o Poder Executivo decreto de autorização, do qual constará o montante de capital destinado às operações no País, cabendo à sociedade promover a publicação dos atos referidos no art. 1.131 e no § 1º do art. 1.134."

validados pelo DREI devem ser arquivados na Junta Comercial do Estado onde se localizar o estabelecimento, conforme estabelecido pela Lei do Anonimato (art. 65[140] c/c art. 61, §3º[141]) e Código Civil (arts. 1.135, parágrafo único[142], e 1.136 do Código Civil[143]), conforme o caso; (iv) deferido o registro na Junta Comercial, a sociedade deve providenciar a publicação do termo de inscrição no Diário Oficial da União, no prazo de 30 dias do registro[144-145]; e (v) durante o período que funcionar, submeter à prévia aprovação do Poder Executivo qualquer alteração dos

[140] O art. 65 da Lei do Anonimato prevê que: "Art. 65. (...) Aceitas as condições pelo representante da sociedade anônima requerente, o Governo expedirá o decreto de autorização, observando-se, em seguida, as prescrições dos §§ 3º e 4º do art. 61. Parágrafo único. Será também arquivado o documento comprobatório do depósito, em dinheiro, da parte do capital destinado às operações no país, capital que o Governo fixará no decreto de autorização".

[141] O art. 61, § 3º da Lei do Anonimato prevê que: "Art. 61. §3º Concedida a autorização, o respectivo decreto e os demais atos a que alude este artigo deverão, mediante certidões passadas pela repartição competente e dentro de 30 (trinta) dias, depois de pagos os emolumentos e impostos devidos, ser publicados no órgão oficial da União, do qual se arquivará um exemplar no Registo do Comércio da sede da sociedade".

[142] Os art. 1.135, parágrafo único, prevê que: "Art. 1.135. Parágrafo único. Aceitas as condições, expedirá o Poder Executivo decreto de autorização, do qual constará o montante de capital destinado às operações no País, cabendo à sociedade promover a publicação dos atos referidos no art. 1.131 e no § 1º do art. 1.134.

[143] O art. 136 do Código Civil prevê que: "Art. 1.136. A sociedade autorizada não pode iniciar sua atividade antes de inscrita no registro próprio do lugar em que se deva estabelecer. §1º O requerimento de inscrição será instruído com exemplar da publicação exigida no parágrafo único do artigo antecedente, acompanhado de documento do depósito em dinheiro, em estabelecimento bancário oficial, do capital ali mencionado. §2º Arquivados esses documentos, a inscrição será feita por termo em livro especial para as sociedades estrangeiras, com número de ordem contínuo para todas as sociedades inscritas; no termo constarão: I – nome, objeto, duração e sede da sociedade no estrangeiro; II – lugar da sucursal, filial ou agência, no País; III – data e número do decreto de autorização; IV – capital destinado às operações no País; V – individuação do seu representante permanente."

[144] Conforme art. 65 c/c art. 61, §§ 3º e 4º da Lei do Anonimato: "Art. 65. (...) observando-se, em seguida, as prescrições dos §§ 3º e 4º do art. 61.]9...) "Art. 61. §3º (...) dentro de 30 (trinta) dias ser (...) publicados no órgão oficial da União (...) §4º A certidão do arquivamento será publicada no referido órgão oficial."

[145] O art. 136, §3º do Código Civil prevê que: "Art. 1.136. §3º Inscrita a sociedade, promover-se-á a publicação determinada no parágrafo único do art. 1.131".

seus atos constitutivos para produzir efeitos no território nacional[146-147] e providenciar a publicação do seu balanço patrimonial e ao de resultado econômico, bem como aos atos de sua administração nos Diários Oficiais da União e do Estado competente (se aplicável) se exigido pela lei estrangeira aplicável, sob pena de lhe ser cassada a autorização[148-149].

(ii) *Atividades vedadas às sociedades estrangeiras*

A Constituição Federal e normas infraconstitucionais preveem impedimentos à atuação de estrangeiros em determinados setores e atividades da economia brasileira consideradas de interesse nacional, os quais somente podem ser desenvolvidos por sociedades brasileiras, mediante prévia autorização do Poder Executivo para funcionar (conforme descrito na seção 2.1.3(ii)), entre as quais: (i) *setor de mineração*[150]: pesquisa e

[146] Conforme art. 69 da Lei do Anonimato: "Art. 69. Qualquer alteração que a sociedade anônima estrangeira fizer nos seus estatutos dependerá de aprovação do Governo Federal para produzir efeitos em território brasileiro".

[147] O art. 1.139 do Código Civil prevê que: "Art. 1.139. Qualquer modificação no contrato ou no estatuto dependerá da aprovação do Poder Executivo, para produzir efeitos no território nacional."

[148] O art. 70 da Lei do Anonimato prevê que: "Art. 70. As sociedades anônimas estrangeiras devem, sob pena de ser-lhes cassada a autorização para funcionar no país, reproduzir no orgão oficial da União, e do Estado, si for caso (art. 173), as publicações que, segundo a sua lei nacional ou de origem, sejam obrigadas a fazer relativamente ao balanço, conta de lucros e perdas e atos de sua administração. Parágrafo único. Sob a mesma pena, deverão as referidas sociedades publicar o balanço anual e a conta de lucros e perdas das sucursais, filiais ou agências existentes no país".

[149] O art. 1.140 do Código Civil prevê que: "Art. 1.140. A sociedade estrangeira deve, sob pena de lhe ser cassada a autorização, reproduzir no órgão oficial da União, e do Estado, se for o caso, as publicações que, segundo a sua lei nacional, seja obrigada a fazer relativamente ao balanço patrimonial e ao de resultado econômico, bem como aos atos de sua administração".

[150] O art. 176 da Constituição Federal prevê que: "Art. 176. As jazidas, em lavra ou não, e demais recursos minerais e os potenciais de energia hidráulica constituem propriedade distinta da do solo, para efeito de exploração ou aproveitamento, e pertencem à União, garantida ao concessionário a propriedade do produto da lavra. §1º A pesquisa e a lavra de recursos minerais e o aproveitamento dos potenciais a que se refere o "caput" deste artigo somente poderão ser efetuados mediante autorização ou concessão da União, no interesse nacional, por brasileiros ou sociedade constituída sob as leis brasileiras e que tenha sua sede e administração no País, na forma da lei, que estabelecerá as condições específicas quando essas atividades se desenvolverem em faixa de fronteira ou terras indígenas." BRASIL. Constituição Federal. **Palácio do Planalto Presidência da República**, Brasília, 5 out. 1988. Dis-

lavra de recursos minerais e o aproveitamento dos potenciais de energia hidráulica; (ii) *serviços de comunicação*[151]: jornalística e de radiodifusão sonora e de sons e imagens (rádio e televisão aberta); (iii) *serviços de segurança privada*[152]: prestação de serviços de segurança privada a pessoas e a bens e valores; e (iv) *setor aéreo*[153]: prestação de serviços aéreos públicos.

2.2.1.2. *Atuação indireta*

Diferentemente da atuação direta, a Lei do Anonimato[154] e o Código Civil[155] não exigem autorização prévia e expressa do Poder Público para que sociedades estrangeiras sejam sócias ou acionistas de sociedades brasileiras, independentemente do tipo societário[156] (excluindo o inves-

ponível em: <http://www.planalto.gov.br/ccivil_03/constituicao/constituicao.htm>. Acesso em: 10 jun. 2018.

[151] O art. 222 da Constituição Federal prevê que: "Art. 222. A propriedade de empresa jornalística e de radiodifusão sonora e de sons e imagens é privativa de brasileiros natos ou naturalizados há mais de dez anos, ou de pessoas jurídicas constituídas sob as leis brasileiras e que tenham sede no País."

[152] O art. 11 da Lei nº 7.102, de 20 de junho de 1983 prevê que: "Art. 11. A propriedade e a administração das empresas [sic] especializadas [em segurança privada] que vierem a se constituir são vedadas a estrangeiros." Brasil. Lei nº 7.102, de 20 de junho de 1983. **Palácio do Planalto Presidência da República**, Brasília, 20 jul. 1983. Disponível em: <http://www.planalto.gov.br/ccivil_03/Leis/L7102.htm>. Acesso em: 10 jun. 2018.

[153] Os arts. 180 e 181, I da Lei nº 7.565, de 19 de dezembro de 1986 prevê que: "Art. 180. A exploração de serviços aéreos públicos dependerá sempre da prévia concessão, quando se tratar de transporte aéreo regular, ou de autorização no caso de transporte aéreo não regular ou de serviços especializados. Art. 181. A concessão somente será dada à pessoa jurídica brasileira que tiver: I – sede no Brasil [...]." Brasil. Lei nº 7.565, de 19 de dezembro de 1986. **Palácio do Planalto Presidência da República**, Brasília, 19 dez. 1986. Disponível em: <http://www.planalto.gov.br/ccivil_03/Leis/L7565.htm>. Acesso em: 10 jun. 2018.

[154] Conforme previsto na parte final do art. 64 da Lei do Anonimato: "Art. 64. As sociedades anônimas ou companhias estrangeiras, qualquer que seja o seu objeto, não podem, sem autorização do Governo Federal, funcionar no país, por si mesmas, ou por filiais, sucursais, agências, ou estabelecimentos que as representem, podendo, todavia, ressalvados os casos expressos em lei, ser acionistas de sociedade anônima brasileira (art. 60).

[155] Conforme previsto na parte final do art. 1.134 do Código Civil. "Art. 1.134. A sociedade estrangeira, qualquer que seja o seu objeto, não pode, sem autorização do Poder Executivo, funcionar no País, ainda que por estabelecimentos subordinados, podendo, todavia, ressalvados os casos expressos em lei, ser acionista de sociedade anônima brasileira".

[156] Embora o art. 64 e art. 1.134 do Código Civil façam menção expressa à possibilidade de sociedade estrangeira ser "acionista de sociedade anônima", conforme entendimento da doutrina, o art. 1.134 tem como interpretação a de que sociedade estrangeira pode ter parti-

timento nos mercados financeiro e de capitais). Não obstante, legislações em matéria societária e regulatória impõem restrições ou limitações às sociedades estrangeiras em deter participação ou controle em sociedades brasileiras, quais sejam:

(i) *Restrições impostas em operações societárias*

A Lei das S.A.[157] proíbe que as sociedades estrangeiras, ainda que autorizadas a funcionar no Brasil, constituam subsidiária integral (i.e. sociedade por ações que possui uma sociedade brasileira como única acionista). Uma das hipóteses de constituição de subsidiária integral decorre da incorporação de ações, conforme prevista no art. 252 da Lei das S.A.[158], que corresponde a uma operação pela qual uma sociedade incorpora ao seu patrimônio todas as ações de outra sociedade, convertendo-a em subsidiária integral. Dessa forma, é proibida a participação de sociedade estrangeira como incorporadora na incorporação de ações de uma subsidiária integral.

Da mesma forma, a Lei das S.A.[159] também exige que o grupo de sociedades, que é constituído por sociedades controladora e suas controladas mediante convenção pela qual se obrigam a combinar recursos ou esforços para a realização dos seus respectivos objetos ou a participar de ati-

cipação em sociedade brasileira de qualquer tipo societário França, Erasmo Valladão Azevedo e Novaes; Adamek, Marcelo Vieira Von. **Da livre participação, como regra, de sociedade estrangeira em sociedade brasileira de qualquer tipo**. Revista de direito mercantil, industrial, econômico e financeiro. São Paulo: Malheiros, v. 147, julho-setembro, 2007. p. 55 et seq.

157 O art. 251 da Lei das S.A. prevê que: "Art. 251. A companhia pode ser constituída, mediante escritura pública, tendo como único acionista sociedade brasileira".

158 O art. 252 da Lei das S.A. prevê que: "Art. 252. A incorporação de todas as ações do capital social ao patrimônio de outra companhia brasileira, para convertê-la em subsidiária integral, será submetida à deliberação da assembleia-geral das duas companhias mediante protocolo e justificação, nos termos dos artigos 224 e 225".

159 O art. 256 da Lei das S.A. prevê que: "Art. 265. A sociedade controladora e suas controladas podem constituir, nos termos deste Capítulo, grupo de sociedades, mediante convenção pela qual se obriguem a combinar recursos ou esforços para a realização dos respectivos objetos, ou a participar de atividades ou empreendimentos comuns. §1º A sociedade controladora, ou de comando do grupo, deve ser brasileira, e exercer, direta ou indiretamente, e de modo permanente, o controle das sociedades filiadas, como titular de direitos de sócio ou acionista, ou mediante acordo com outros sócios ou acionistas".

vidades ou empreendimentos comuns, possua como sociedade controladora, ou de comando do grupo, nacionalidade brasileira.

(ii) *Restrições na atuação de atividades reguladas*

Além de permitirem apenas a atuação exclusiva de sociedades brasileiras, a Constituição Federal e normas infraconstitucionais preveem restrições ou impedimentos na participação societária ou controle de sociedades estrangeiras em brasileiras que atuem em determinadas atividades da economia, entre as quais: (i) *exploração no setor de mineração em faixa de fronteira*[160]: a participação de estrangeiros no capital social de sociedades que atuem na pesquisa e lavra de recursos minerais e o aproveitamento dos potenciais de energia hidráulica em faixa de fronteira (faixa interna de 150 Km de largura, paralela à linha divisória terrestre do território nacional) é limitada a 49% (salvo exceções); (ii) *setor de comunicações*: a participação de estrangeiros no capital social total e com direito a voto de empresas jornalísticas e de radiodifusão é de 30%[161]; (iii)

[160] O art. 3º, I da Lei nº 6.634, de 2 de maio de 1979 prevê que: "Art. 2º. – Salvo com o assentimento prévio do Conselho de Segurança Nacional, será vedada, na Faixa de Fronteira, a prática dos atos referentes a: III – estabelecimento ou exploração de indústrias que interessem à Segurança Nacional, assim relacionadas em decreto do Poder Executivo. IV – instalação de empresas [sic] que se dedicarem às seguintes atividades: a) pesquisa, lavra, exploração e aproveitamento de recursos minerais, salvo aqueles de imediata aplicação na construção civil, assim classificados no Código de Mineração; b) colonização e loteamento rurais; [...] Art. 3º – Na faixa de Fronteira, as empresas [sic] que se dedicarem às indústrias ou atividades previstas nos itens III e IV do artigo 2º deverão, obrigatoriamente, satisfazer às seguintes condições: I – pelo menos 51% (cinquenta e um por cento) do capital pertencer a brasileiro [...]." Brasil. Lei nº 6.634, de 2 de maio de 1979. **Palácio do Planalto Presidência da República**, Brasília, 2 mai. 1979. Disponível em: <http://www.planalto.gov.br/ccivil_03/Leis/L6634.htm>. Acesso em: 10 jun. 2018.

[161] O art. 2º da Lei nº 10.610, de 20 de dezembro de 2002 prevê que: "Art. 2º A participação de estrangeiros ou de brasileiros naturalizados há menos de dez anos no capital social de empresas [sic] jornalísticas e de radiodifusão não poderá exceder a trinta por cento do capital total e do capital votante dessas empresas [sic] e somente se dará de forma indireta, por intermédio de pessoa jurídica constituída sob as leis brasileiras e que tenha sede no País. §1º As empresas [sic] efetivamente controladas, mediante encadeamento de outras empresas [sic] ou por qualquer outro meio indireto, por estrangeiros ou por brasileiros naturalizados há menos de dez anos não poderão ter participação total superior a trinta por cento no capital social, total e votante, das empresas [sic] jornalísticas e de radiodifusão." Brasil. Lei nº 10.610, de 20 de dezembro de 2002. **Palácio do Planalto Presidência da República**,

serviços de saúde: estrangeiros são vedados[162] de deter participação direta ou indireta na assistência à saúde no país, salvo nos casos previstos em lei; (iv) *setor aeronáutico:* a participação de estrangeiros no capital social com direito a voto de empresas aéreas é limitada[163] a 20%; e (v) *imóveis rurais*: a aquisição ou arrendamento de imóvel rural por estrangeiro depende de prévia autorização do Instituto Nacional da Colonização e Reforma Agrária (Incra) e está sujeito a limitações de extensão das áreas adquiridas ou arrendadas[164-165-166].

2.2.2. *Mudança de Nacionalidade da Sociedade*

Para que haja mudança de nacionalidade de uma sociedade brasileira para estrangeira, além de depender de prévia autorização do Governo (art. 71 da Lei do Anonimato[167] e art. 1.141 do Código Ci-

Brasília, 20 dez. 2002. Disponível em: <http://www.planalto.gov.br/ccivil_03/leis/2002/L10610.htm>. Acesso em: 10 jun. 2018.

[162] O art. 199 da Constituição Federal prevê que: "Art. 199. A assistência à saúde é livre à iniciativa privada. § 3º É vedada a participação direta ou indireta de empresas [sic] ou capitais estrangeiros na assistência à saúde no País, salvo nos casos previstos em lei".

[163] O art. 181 da Lei nº 7.805, de 18 de julho de 1989 prevê que: "Art. 181. A concessão somente será dada à pessoa jurídica brasileira que tiver: I – sede no Brasil; II – pelo menos 4/5 (quatro quintos) do capital com direito a voto, pertencente a brasileiros, prevalecendo essa limitação nos eventuais aumentos do capital social; III – direção confiada exclusivamente a brasileiros." BRASIL. Lei nº 7.805, de 18 de julho de 1989. **Palácio do Planalto Presidência da República**, Brasília, 18 jul. 1989. Disponível em: <http://www.planalto.gov.br/ccivil_03/Leis/l7805.htm>. Acesso em: 10 jun. 2018.

[164] Conforme previsto na Lei nº 5.709, de 7 de outubro de 1971. BRASIL. Lei nº 5.709, de 7 de outubro de 1971. **Palácio do Planalto Presidência da República**, Brasília, DF, 7 out. 1971. Disponível em: <http://www.planalto.gov.br/ccivil_03/Leis/L5709.htm>. Acesso em: 10 jun. 2018.

[165] Conforme previsto no Decreto nº 74.965, de 26 de novembro de 1974. BRASIL. Decreto nº 74.965, de 26 de novembro de 1974. **Palácio do Planalto Presidência da República**, Brasília, DF, 26 nov. 1974. Disponível em: <http://www.planalto.gov.br/ccivil_03/decreto/1970-1979/D74965.htm>. Acesso em: 10 jun. 2018.

[166] Conforme previsto na Lei nº 8.629, de 25 de fevereiro de 1993. BRASIL. Lei nº 8.629, de 25 de fevereiro de 1993. **Palácio do Planalto Presidência da República**, Brasília, DF, 25 fev. 1993. Disponível em: <http://www.planalto.gov.br/ccivil_03/Leis/L8629.htm>. Acesso em: 10 jun. 2018.

[167] O art. 71 da Lei do Anonimato prevê que: "Art. 71. A sociedade anônima estrangeira, autorizada a funcionar no país, pode, mediante autorização do Governo Federal, nacionalizar-se, transferindo sua sede para o Brasil".

vil[168], conforme o caso) mediante o atendimento de determinados requisitos (art. 71 da Lei do Anonimato[169] e art. 1.141 do Código Civil[170], conforme o caso) é necessário o consentimento unânime dos acionistas (art. 72 da Lei do Anonimato[171]) ou sócios (art. 1.127 do Código Civil)[172] ou. A tal respeito, Carvalhosa[173] explica que:

> O dispositivo funda-se no princípio de que ninguém pode ser coagido a se submeter à aplicação da lei estrangeira, no país de que é natural ou em que reside, a menos que haja disposição expressa na lei nacional.

Valverde[174] também ressalta que é facultado ao Governo impedir a mudança de nacionalidade no caso de sociedades brasileiras que dependam de autorização para funcionar, conforme descrito na seção 2.1.3(ii) que trata das atividades realizadas por sociedades brasileiras sujeitas à

[168] O art. 1.141 do Código Civil prevê que: "1.141. Mediante autorização do Poder Executivo, a sociedade estrangeira admitida a funcionar no País pode nacionalizar-se, transferindo sua sede para o Brasil."

[169] Os §§ 1º, 2º e 3º do art. 71 da Lei do Anonimato preveem que: "Art. 71. §1º Para esse fim, deverá, por seus representantes habilitados; oferecer, com o requerimento, os documentos exigidos no art. 64, parágrafo único, letras a, b e c, sem a exceção admitida nesta letra, e f, a prova da realização do capital, pela forma declarada nos estatutos, e a ata, da assembleia geral em que foi resolvida a nacionalização. §2º O Governo Federal poderá impor as condições que julgar convenientes à defesa dos interesses nacionais. §3º Aceitas pelo representante habilitado as condições, expedirá o Governo Federal o decreto de nacionalização, observando-se, em seguida, o disposto nos §§ 3º o 4º do art. 61".

[170] Os §§ 1º, 2º e 3º do art. 1.141 do Código Civil preveem que: "1.141. §1º Para o fim previsto neste artigo, deverá a sociedade, por seus representantes, oferecer, com o requerimento, os documentos exigidos no art. 1.134, e ainda a prova da realização do capital, pela forma declarada no contrato, ou no estatuto, e do ato em que foi deliberada a nacionalização. §2º O Poder Executivo poderá impor as condições que julgar convenientes à defesa dos interesses nacionais. §3º Aceitas as condições pelo representante, proceder-se-á, após a expedição do decreto de autorização, à inscrição da sociedade e publicação do respectivo termo."

[171] O art. 72 da Lei do Anonimato prevê que: "Art. 72. A sociedade anônima ou companhia brasileira somente poderá mudar de nacionalidade mediante o consentimento unânime dos acionistas".

[172] O art. 1.127 do Código Civil prevê que: "Art. 1.127. Não haverá mudança de nacionalidade de sociedade brasileira sem o consentimento unânime dos sócios ou acionistas".

[173] Carvalhosa, op. cit., p. 568.

[174] Valverde, Trajano de Miranda. **Sociedades por Ações**. 2. ed. Rio de Janeiro: Ed. Forense, 1953, v. I. p. 429.

regime especial, mesmo que seus sócios ou acionistas aprovem por unanimidade.

Por fim, Eizirik[175] observa que, conforme posicionamento da doutrina, apesar de a lei não assegurar aos credores o direito de se opor à mudança de nacionalidade, estes teriam direito de tomar medidas de prevenção de seus direitos, tais quais requerer o pagamento imediato de seu crédito, prestação de garantias suficientes ou a falência de tal sociedade. Fulgêncio[176] argumenta que a lei não pressupõe a intenção do devedor em fraudar os credores, mas a possibilidade de causar prejuízos ou danos a eles. Com base no artigo 94[177] da lei 11.101, de 9 de fevereiro de 2005, dado que a mudança de nacionalidade ocasiona a transferência da sede social para país estrangeiro, poderia ser motivo para seu pedido de falência.

2.3. Distinção entre Sociedades Brasileiras e Estrangeiras

Em vista do examinado no presente Capítulo, verifica-se que o sistema jurídico nacional estabeleceu uma série de regras, procedimentos e finalidades que tornam mais difíceis ou impossibilitam o acesso das sociedades estrangeiras no Brasil, não somente para atuação direta, mediante a criação de estabelecimentos no Brasil (filial ou agência), mas também indireta, como sócio ou acionista de sociedade brasileira.

A legislação impôs procedimentos e formalidades especiais para restringir ou vedar a atuação de sociedades estrangeiras ou sociedades brasileiras controladas por estrangeiras em determinados setores econômicos no território nacional visando a proteção dos interesses do Governo em atividades consideradas estratégicas por força da Constituição Federal e leis especiais.

[175] Ibidem, p. 429.

[176] PEIXOTO, Carlos Fulgêncio da Cunha. **Sociedades por Ações**. São Paulo: Saraiva, 1972, v. II. p. 268.

[177] O art. 94, c) e f) prevê que: "Art. 94. Será decretada a falência do devedor que: [...] c) transfere estabelecimento a terceiro, credor ou não, sem o consentimento de todos os credores e sem ficar com bens suficientes para solver seu passivo; [...] f) ausenta-se sem deixar representante habilitado e com recursos suficientes para pagar os credores, abandona estabelecimento ou tenta ocultar-se de seu domicílio, do local de sua sede ou de seu principal estabelecimento." BRASIL. Lei nº **11.101, de 9 de fevereiro de 2005. Palácio do Planalto Presidência da República**, Brasília, 9 fev. 2005. Disponível em: <http://www.planalto.gov.br/ccivil_03/_ato2004-2006/2005/lei/l11101.htm>. Acesso em: 8 jun. 2017.

Assim, para atuação direta das sociedades estrangeiras, a criação de filiais, agências ou estabelecimentos no Brasil (i) é sujeita a diversos entraves burocráticos e autorizações prévias governamentais impostos pela legislação brasileira, conforme previstos na seção 2.2.1.1(i), que dificultam significantemente seu funcionamento; e (ii) é vedada, se exploradas certas atividades de "interesse nacional", conforme exposto na seção 2.2.1.1(ii).

Ainda, as sociedades estrangeiras podem atuar indiretamente por meio da detenção de participação societária ou controle de brasileiras, desde que atendidas as regras impostas pela lei quanto (i) à vedação em certas operações societárias, conforme mencionadas na seção 2.2.1.2(i); e (ii) ao limite de participação societária em sociedades que atuem em determinadas atividades de "interesse nacional", conforme descrito na seção 2.2.1.2(ii).

Tais considerações são fundamentais para análise de incorporação transfronteiriça, em especial na hipótese de incorporação de sociedade brasileira por estrangeira, já que tal operação pode desencadear na atuação de estrangeira no Brasil de forma (i) direta, em virtude da conversão da incorporada brasileira em filial de estrangeira, caso a incorporada seja operacional com ativos e atividades no Brasil ou (ii) indireta, pela mudança de controle de sociedades brasileiras por estrangeira, caso a incorporada brasileira não seja operacional e tenha como único ativo e atividade principal a participação em outras sociedades brasileiras (holding). Afinal, a depender das atividades desempenhadas e ativos da incorporada brasileira no Brasil ou da operação societária projetada (ex: incorporação por estrangeira de brasileira que controle uma subsidiária integral), a operação pode ser dificultada enormemente ou, ainda, impossibilitada.

3. Análise da Incorporação Transfronteiriça no Brasil

Embora o presente trabalho tenha como enfoque o estudo da incorporação transfronteiriça em face do direito societário, importante analisar as normas e princípios constitucionais e legais que prevejam alguma proibição ou restrição que inviabilize a participação de sociedades estrangeiras na operação, incluindo em virtude dos efeitos que podem ser gerados da operação.

Isso porque, na hipótese de incorporação transfronteiriça de sociedade brasileira por estrangeira, a brasileira será extinta. Como consequência, os sócios ou acionistas da incorporada passarão a deter participação direta na estrangeira. Ainda, caso a brasileira seja (i) operacional com ativos e atividades no Brasil, a estrangeira passará a ter uma filial estrangeira no Brasil; e (ii) não-operacional e que tenha como ativo e atividade principal a participação em outras sociedades brasileiras (holding), a estrangeira passará a ser sócia ou acionista de tais sociedades brasileiras. De forma contrária, na hipótese de incorporação transfronteiriça de sociedade estrangeira por brasileira, a estrangeira será extinta e os efeitos serão os inversos dos descritos anteriormente.

Dessa forma, é feita análise das disposições da legislação societária e da LINDB bem como regras e princípios constitucionais e legais aplicáveis quanto à possibilidade de sociedades estrangeiras participarem de incorporação transfronteiriça no Brasil.

A seguir, são apresentados regramentos de capitais estrangeiros no Brasil e capitais brasileiros no exterior e cambiais que estabelecem os requisitos e formalidades necessárias para remessa de recursos entre o Brasil e o exterior que podem impactar, ainda que indiretamente, na operação.

3.1. Legislação Brasileira

3.1.1. *Legislação Societária*

Com base no exposto no Capítulo 1, conclui-se que as leis brasileiras que regem a operação de incorporação entre sociedades no Brasil, nomeadamente a Lei das S.A. e o Código Civil (aplicáveis de acordo com os tipos societários das sociedades envolvidas na operação), não fazem qualquer menção à participação ou vedação de sociedade estrangeira, ou seja, à possibilidade de sociedades brasileiras participarem de incorporações transfronteiriças, seja como incorporadoras, seja como incorporadas.

Portanto, para sua implementação, suscitam-se dúvidas quanto os procedimentos e formalidades a serem observados, bem como se os direitos de retirada de sócios ou acionistas e de terceiros também que poderiam ser exercidos (ex: direito de aprovação prévia por debenturistas e de oposição por credores da incorporada), principalmente ocorrendo a incorporação de brasileira por estrangeira que acarrete na participação dos sócios ou acionistas diretamente na estrangeira.

Nesse caso, os sócios ou acionistas da incorporada passariam a se submeter à legislação estrangeira aplicável à incorporadora, com regulamentações específicas, desconhecidas e, ainda, que possam estabelecer obrigações e reponsabilidades àqueles consideradas menos vantajosas comparadas às exigidas pela lei brasileira.

3.1.2. *LINDB*

A LINDB tem como objeto a interpretação e aplicação das normas jurídicas brasileiras e estabelece princípios de Direito Internacional Privado.

Quanto às relações envolvendo sociedades estrangeiras, a LINDB não veda sua participação em operações com sociedades brasileiras e dispõe sobre diversas regras aplicáveis a elas.

Os arts. 11[178] e 17[179] estabelecem regras gerais relativas ao reconhecimento de sociedades estrangeiras. Conforme detalhado no Capítulo 2.1.2, o artigo 11 da LINDB é compatível com a regra de atribuição de nacionalidade à sociedade estrangeira Código Civil e Lei do Anonimato, com a adoção do critério do local da constituição. Portanto, a regra de conexão contida no art. 11 define a "lex societatis" para determinar o direito aplicável aos casos com conexão internacional envolvendo a criação, funcionamento e extinção.

Com base em tal dispositivo, não há óbice para que uma sociedade estrangeira celebre um contrato com uma sociedade brasileira, bastando que aquela esteja regularmente constituída para que sua personalidade seja reconhecida de pleno direito, independentemente de qualquer autorização. No entanto, para criação de um estabelecimento no Brasil, requer-se a prévia autorização do Governo Federal, conforme detalhado no Capítulo 2.2.1.1(i).

Com relação à determinação de lei aplicável em obrigações envolvendo sociedades nacionais e estrangeiras, o art. 9º da LINDB estabelece que aplica-se a lei do país em que se constituírem ou for concluído o negócio jurídico[180]. Tal dispositivo foi exaustivamente discutido no âmbito de contratos internacionais, principalmente sobre se o Princípio da Autonomia da Vontade seria abarcado pelo Direito Internacional Privado.

Esse debate se agravou em vista da exclusão da expressão "salvo disposição em contrário" que constava expressamente no art. 13 do Pri-

[178] O art. 11 da LINDB prevê que: "Art. 11. As organizações destinadas a fins de interesse coletivo, como as sociedades e as fundações, obedecem à lei do Estado em que se constituírem. §1º Não poderão, entretanto ter no Brasil filiais, agências ou estabelecimentos antes de serem os atos constitutivos aprovados pelo Governo brasileiro, ficando sujeitas à lei brasileira. §2º Os Governos estrangeiros, bem como as organizações de qualquer natureza, que eles tenham constituído, dirijam ou hajam investido de funções públicas, não poderão adquirir no Brasil bens imóveis ou susceptíveis de desapropriação".

[179] O art. 17 da LINDB prevê que: "Art. 17. As leis, atos e sentenças de outro país, bem como quaisquer declarações de vontade, não terão eficácia no Brasil, quando ofenderem a soberania nacional, a ordem pública e os bons costumes".

[180] Os art. 9º da LINDB prevê que: "Art. 9º Para qualificar e reger as obrigações, aplicar-se-á a lei do país em que se constituírem. §1º Destinando-se a obrigação a ser executada no Brasil e dependendo de forma essencial, será esta observada, admitidas as peculiaridades da lei estrangeira quanto aos requisitos extrínsecos do ato. §2 º A obrigação resultante do contrato reputa-se constituída no lugar em que residir o proponente".

meiro Código Civil que possuía texto similar ao atual art. 9º da LINDB, causando divergência na doutrina. Uma parte dos juristas[181] entende que a LINDB não possui elementos que justifiquem a adoção da autonomia da vontade como elemento de conexão. Entre os juristas[182] favoráveis à autonomia da vontade, Lauro da Gama e Souza Junior[183] defende que a autonomia da vontade tem amparo constitucional pelo artigo 5º, II, da Constituição Federal[184], sob argumento de que se trata de liberdade fundamental que não pode ser limitada sem expressa previsão legal ou em virtude de interpretação extensiva e desproporcional do art. 9º da LINDB.

Não obstante, é possível concluir que tal dispositivo não se aplicaria para definição de lei aplicável no contexto de incorporação transfronteiriça, diante da sua natureza eminentemente societária, não contratual, conforme ensinado por Bulgarelli e citado no Capítulo 1.2.

Em matéria de Direito Internacional Privado, a LINDB não prevê nenhuma disposição expressa relativa a reorganizações societárias envolvendo sociedades brasileiras e estrangeiras, incluindo incorporação transfronteiriça, ficando aparente a problemática quanto à legislação aplicável para determinação dos requisitos e procedimentos necessários para formalização da operação.

[181] Diniz, Maria Helena. **Lei de Introdução ao Código Civil Brasileiro Interpretada.** 15ª ed. São Paulo: Saraiva, 2010, p. 321-328. Araujo, Nadia de. **Direito internacional privado: teoria e prática brasileira.** 4ª ed. Rio de Janeiro: Renovar, 2008, p. 375-376. Rodas, João Grandino. **Elementos de conexão do direito internacional privado brasileiro relativamente às obrigações contratuais.** In: Rodas, João Grandino (coord.). Contratos internacionais. 3ª ed. São Paulo: Revista dos Tribunais, 2002. p. 59.

[182] Valladão, Haroldo. **Direito Internacional Privado**. Ed. Freitas Bastos, 1980, V. I, p.366. Dolinger, Jacob. **Direito Internacional Privado (Parte Especial) – Contratos e Obrigações no Direito Internacional Privado.** Rio de Janeiro: Ed. Renovar, 2007, p. 456-458.

[183] Souza Jr., Lauro da Gama. **Autonomia da vontade nos contratos internacionais no Direito Internacional Privado brasileiro: Uma leitura constitucional do artigo 9º da Lei de Introdução ao Código Civil em favor da liberdade de escolha do direito aplicável.** In: Tiburcio, Carmen; Barroso, Luís Roberto (orgs). O Direito Internacional Contemporâneo: Estudos em homenagem ao Professor Jacob Dolinger. Rio de Janeiro: Renovar, 2006, p.622-623.

[184] O art. 5º, II, da Constituição Federal prevê que "Art. 5º Todos são iguais perante a lei, sem distinção de qualquer natureza, garantindo-se aos brasileiros e aos estrangeiros residentes no País a inviolabilidade do direito à vida, à liberdade, à igualdade, à segurança e à propriedade, nos termos seguintes: (...) II – ninguém será obrigado a fazer ou deixar de fazer alguma coisa senão em virtude de lei".

3.2. Princípios Constitucionais e Legais

3.2.1. *Princípios da Legalidade e da Autonomia de Vontade*

O Princípio da Legalidade está consagrado no artigo 5º, inciso II, da Constituição Federal que reza que "ninguém será obrigado a fazer ou a deixar de fazer algo senão em virtude de lei".

Utilizando-se do Princípio da Legalidade no Direito Privado, traduz-se na seara das relações particulares, que tudo que a lei não proíbe, é permitido, vigorando o Princípio da Autonomia de Vontade.

No que se refere ao Princípio da Autonomia de Vontade, tal princípio se sustenta pelo mesmo dispositivo da Constituição Federal e tem como dogma a outorga do direito às partes de estipular livremente, à sua melhor conveniência, por meio de acordo de vontades, a disciplina de seus interesses.

3.2.2. *Princípio da Isonomia*

Dispõe o art. 5º, caput, da Constituição Federal, que "todos são iguais perante a lei, sem distinção de qualquer natureza, garantindo-se aos brasileiros e aos estrangeiros residentes no País a inviolabilidade do direito à vida, à liberdade, à igualdade, à segurança e à propriedade".

Conforme detalhado no Capítulo 2.1.2, após a revogação do IX do art. 170 da Constituição Federal pela EC 6/95, suprimiu-se a quebra de isonomia entre brasileiros com a eliminação da "empresa brasileira de capital nacional", porém permaneceu a regra constitucional da isonomia somente entre brasileiros e estrangeiros aqui residentes, sem menção a estrangeiros não residentes.

O professor Denis Borges Barbosa[185] ressalta, porém, que a referida isonomia constitucional abrangeria pessoas jurídicas estrangeiras autorizadas a funcionar no país, isto é, com estabelecimentos localizados no Brasil. Ressalta, no entanto, que tal igualdade, porém, não é vedada pelo texto constitucional, podendo ser estabelecida por lei ordinária ou norma internacional.

[185] Barbosa, Denis Borges. **A noção jurídica de "empresa brasileira" após as Emendas Constitucionais de 1995**. Direito do desenvolvimento industrial, vol. 1, Ed. Lumen Juris, 1996. Disponível em: <http://www.denisbarbosa.addr.com/20.doc>. Acesso em: 17 fev. 2019.

Não obstante, o art. 2º da lei nº 4.131, de 3 de setembro de 1962, conforme alterada, incorpora o princípio da igualdade de tratamento entre investidores estrangeiros e nacionais ao dispor que "ao capital estrangeiro que se investir no País, será dispensado tratamento jurídico idêntico ao concedido ao capital nacional em igualdade de condições, sendo vedadas quaisquer discriminações não previstas na presente Lei".

3.2.3. *Princípio da Liberdade de Associação*

O art. 5º, XVII e XX da Constituição Federal dispõe que "é plena a liberdade de associação para fins lícitos, vedada a de caráter paramilitar" e "ninguém poderá ser compelido a associar-se ou a permanecer associado".

O Princípio da Liberdade de Associação tem como objetivo garantir aos sócios e acionistas o direito de associar-se livremente para consecução de objetivos comuns ou de se retirarem das sociedades das quais participem.

3.2.4. *Princípio da Liberdade de Iniciativa*

O ingresso do sócio ou acionista na sociedade está amparado pelo Princípio da Liberdade de Iniciativa.

Nas sociedades limitadas, após a constituição da sociedade, a lei restringe o ingresso de terceiro estranho à sociedade ao requerer que tal ingresso está condicionado a não oposição por sócios que detenham quotas representativas de mais de ¼ do capital social (art. 1.057 do Código Civil[186]). Tal dispositivo não faz qualquer ressalva quanto à nacionalidade do sócio.

Com relação às sociedades por ações, a Lei das S.A. não prevê qualquer restrição, exceto com relação à participação de estrangeiros nas operações societárias descritas no Capítulo 2.2.1.2(i).

[186] O art. 1.057 do Código Civil prevê que: "Art. 1.057. Na omissão do contrato, o sócio pode ceder sua quota, total ou parcialmente, a quem seja sócio, independentemente de audiência dos outros, ou a estranho, se não houver oposição de titulares de mais de um quarto do capital social. Parágrafo único. A cessão terá eficácia quanto à sociedade e terceiros, inclusive para os fins do parágrafo único do art. 1.003, a partir da averbação do respectivo instrumento, subscrito pelos sócios anuentes".

3.3. Tratamento do Investimento Nacional e Estrangeiro

3.3.1. *Capitais Internacionais*

Os capitais internacionais se dividem em capitais estrangeiros no Brasil e capitais brasileiros no exterior.

Nos termos da lei nº 4.131, de 3 de setembro de 1962, conforme alterada ("Lei 4.131/62"), regulamentada pelo Decreto nº 55.762, de 17 de fevereiro de 1965, conforme alterada, os capitais estrangeiros no Brasil[187], independentemente de sua modalidade, são sujeitos a registro[188] no Banco Central do Brasil ("BACEN"), incluindo para fins de investimentos externos diretos.

Conforme mencionado no Capítulo 3.2.2, a Lei 4.131/62[189] consagra o Princípio da Isonomia, estabelecendo igualdade de tratamento entre investidores estrangeiros e nacionais e coibindo qualquer discriminação não prevista em lei. Adicionalmente, a referida lei delegou ao Conselho Monetário Nacional ("CMN") e BACEN a competência para normatizar o ingresso e registro dos capitais estrangeiros no Brasil.

[187] O art. 1º da Lei 4.131/62 prevê que: "Art. 1º Consideram-se capitais estrangeiros, para os efeitos desta lei, os bens, máquinas e equipamentos, entrados no Brasil sem dispêndio inicial de divisas, destinados à produção de bens ou serviços, bem como os recursos financeiros ou monetários, introduzidos no país, para aplicação em atividades econômicas desde que, em ambas as hipóteses, pertençam a pessoas físicas ou jurídicas residentes, domiciliadas ou com sede no exterior".

[188] O art. 3º da Lei 4.131/62 prevê que: "Art. 3º Fica instituído, na Superintendência da Moeda e do Crédito, um serviço especial de registro de capitais estrangeiros, qualquer que seja sua forma de ingresso no País, bem como de operações financeiras com o exterior, no qual serão registrado: a) os capitais estrangeiros que ingressarem no País sob a forma de investimento direto ou de empréstimo, quer em moeda, quer em bens; b) as remessas feitas para o exterior com o retorno de capitais ou como rendimentos desses capitais, lucros, dividendos, juros, amortizações, bem como as de "royalties", ou por qualquer outro título que implique transferência de rendimentos para fora do País; c) os reinvestimentos de lucros dos capitais estrangeiros; [e] d) as alterações do valor monetário do capital das empresas procedidas de acordo com a legislação em vigor".

[189] O art. 2º da Lei 4.131/62 prevê que: "Art. 2º Ao capital estrangeiro que se investir no País, será dispensado tratamento jurídico idêntico ao concedido ao capital nacional em igualdade de condições, sendo vedadas quaisquer discriminações não previstas na presente lei".

Os "investimentos estrangeiros diretos"[190] são regulamentados pela Resolução do CMN nº 3.844, de 23 de março de 2010 ("Resolução 3.844") e Circular do BACEN nº 3.689, 16 de dezembro de 2013 ("Circular 3.689") e correspondem aos investimentos realizados por estrangeiros no Brasil para remessa de recursos destinados, entre outros, (i) à integralização da sua participação societária em sociedades brasileiras (em moeda ou em bens), excluindo o investimento nos mercados financeiro e de capitais, e (ii) ao capital destacado dos seus estabelecimentos autorizados a operar no País. Ainda, são sujeitos a registro[191] pelo Sistema de Informações do Banco Central (Sisbacen) sob o módulo RDE-IED (Registro Declaratório Eletrônico – Investimento Externo Direto).

Os registros são realizados de forma declaratória, sem prévia análise do BACEN, pelo representante da empresa receptora do investimento estrangeiro[192]. Tal registro é necessário para registro de reinvestimento de lucros, remessa de lucros ao exterior e repatriamento de capital[193].

Já os "investimentos brasileiros diretos no exterior"[194] são regulamentados pela Circular 3.689 e correspondem aos investimentos rea-

[190] O art. 5º do Anexo I da Resolução 3.844 prevê que: "Art. 5º Devem ser registrados como investimento estrangeiro direto a participação de investidor não residente no capital social de empresa receptora, integralizada ou adquirida na forma da legislação em vigor, e o capital destacado de empresa estrangeira autorizada a operar no Brasil".

[191] O art. 3º da Resolução 3.844 prevê que: "Art. 3º Para os fins do disposto nesta Resolução, conceitua-se como registro o lançamento, no Sistema de Informações Banco Central (Sisbacen) – Registro Declaratório Eletrônico (RDE), das informações necessárias à identificação das partes e à caracterização individualizada das operações atinentes ao capital estrangeiro investido no País".

[192] O arts. 4º e 4º-A do Anexo I da Resolução nº 3.844 Bacen preveem que: "Art. 4º A empresa receptora é responsável pelo registro declaratório eletrônico, no Banco Central do Brasil, do investimento estrangeiro direto no País. Art. 4º-A O investidor não residente, por meio de seu mandatário no País, pode consultar seu investimento registrado".

[193] O art. 6º do Anexo I da Resolução nº 3.844 Bacen prevê que: "Art. 6º As capitalizações de lucros, de dividendos, de juros sobre capital próprio e de reservas de lucros, na empresa receptora em que foram produzidos, devem ser registradas como reinvestimento na moeda do país para o qual poderiam ter sido remetidos, apurado a partir do valor declarado em reais, ou, no caso de investimento registrado em moeda nacional, em reais".

[194] O art. 11 da Circular 3.689 prevê que "Art. 11. Para os fins do disposto nesta seção, considera-se investimento brasileiro direto no exterior a participação, direta ou indireta, por parte de pessoa física ou jurídica, residente, domiciliada ou com sede no País, em empresa [sic] constituída fora do Brasil". Banco Central do Brasil. Circular nº 3.689 do BACEN, de 16 de dezembro de 2013. Brasília, DF, 16 dez. 2013. Disponível em: <http://www.bcb.

lizados por brasileiros no exterior para remessa de recursos destinados (i) à integralização da sua participação societária em sociedades estrangeiras (em moeda ou em bens), e (ii) aos seus estabelecimentos instalados no exterior. Tais investimentos se sujeitam a declaração periódica perante o BACEN, nos termos da legislação e regulamentação em vigor sobre a matéria.

As regras e períodos de entrega das declarações anuais e trimestrais, que devem ser prestadas de acordo com o montante dos ativos, bens e direitos de titularidade de pessoas físicas ou jurídicas brasileiras fora do território nacional, estão previstas na Resolução do CMN nº 3.854, 27 de maio de 2010 e Circular do BACEN nº 3.624, de 6 de fevereiro de 2013, respectivamente.

3.3.2. *Mercado Cambial*

A regulamentação cambial vigente, amparada na Resolução do CMN nº 3.568, de 29 de maio de 2008 ("Resolução 3.568"), estabelece as regras para a livre negociação entre os agentes autorizados a operar no mercado de câmbio e seus clientes na compra e venda de moeda estrangeira[195].

As operações de câmbio[196] são executadas pelas instituições autorizadas pelo BACEN a operar no mercado de câmbio no país, que incluem

gov.br/pre/normativos/busca/downloadNormativo.asp?arquivo=/Lists/Normativos/Attachments/48812/Circ_3689_v7_P.pdf>. Acesso em: 10 jun. 2018.

[195] Os arts. 5º e 6º Resolução 3.568 preveem que: "Art. 5º Sem prejuízo da regulamentação em vigor sobre a matéria, os investidores residentes, domiciliados ou com sede no País devem manter os documentos que amparem as remessas efetuadas, devidamente revestidos das formalidades legais e com perfeita identificação de todos os signatários, à disposição do Banco Central do Brasil pelo prazo de cinco anos. Art. 6º As operações de que trata este título devem ser realizadas com base em documentos que comprovem a legalidade e a fundamentação econômica da operação, bem como a observância dos aspectos tributários aplicáveis, cabendo à instituição interveniente verificar o fiel cumprimento dessas condições, mantendo a respectiva documentação em arquivo no dossiê da operação, na forma da regulamentação em vigor".

[196] O art. 1º da Circular 3.689 prevê que: "Art. 1º O mercado de câmbio brasileiro compreende as operações de compra e de venda de moeda estrangeira e as operações com ouro-instrumento cambial, realizadas com instituições autorizadas pelo Banco Central do Brasil a operar no mercado de câmbio, bem como as operações em moeda nacional entre residentes, domiciliados ou com sede no País e residentes, domiciliados ou com sede no exterior.

operações relativas a "investimentos estrangeiros diretos" e "investimentos brasileiros diretos no exterior".

Na hipótese de incorporação transfronteiriça de sociedade brasileira por estrangeira que acarrete na criação de filial estrangeira no Brasil ou sua participação em sociedade brasileira da qual a incorporada era sócia ou acionista, para que a incorporadora estrangeira (a) remeta recursos ao Brasil destinados à sociedade (por meio de aumento de capital) e ao seu estabelecimento no Brasil ou (b) receba valores em virtude de distribuição de lucros ou retorno de capital, tais "investimentos estrangeiros diretos" devem ocorrer mediante a realização de operações de câmbio, com registro manual ou automático no Sisbacen, com referência do código RDE-IED constante no contrato de câmbio ou registro da movimentação em contas de domiciliado no exterior, a depender da movimentação[197].

Parágrafo único. Incluem-se no mercado de câmbio brasileiro as operações relativas aos recebimentos, pagamentos e transferências do e para o exterior mediante a utilização de cartões de uso internacional e de empresas facilitadoras de pagamentos internacionais, bem como as operações referentes às transferências financeiras postais internacionais, inclusive mediante vales postais e reembolsos postais internacionais".

[197] Os arts. 33-A e 33-B da Circular 3.689 preveem que: "Art. 33-A. São registrados automaticamente no módulo IED do RDE, tendo por base as informações constantes no registro da operação de câmbio ou da transferência internacional em reais, na forma do disposto na Circular nº 3.691, de 16 de dezembro de 2013, os valores oriundos de: I – ingresso de moeda; II – conversão em investimento estrangeiro direto; III – transferências entre modalidades; IV – conferência internacional de quotas ou de ações; V – remessa ao exterior de lucros e dividendos, de juros sobre o capital próprio e de retorno de capital. Art. 33-B. Devem ser registrados mediante declaração no módulo IED do RDE os valores oriundos de: I – ingresso de bem, tangível ou intangível, no País, para capitalização na empresa receptora; II – reorganização societária, entendida como a fusão, incorporação ou cisão de empresas no País, na qual pelo menos uma delas conte com participação de capital estrangeiro registrado no Banco Central do Brasil; III – permuta de ações e quotas no País, entendida como a troca de participações societárias em empresas brasileiras, sendo ao menos uma receptora de investimento estrangeiro direto registrado no Banco Central do Brasil, realizada entre investidores residente e não residente, ou entre investidores não residentes; IV – conferência de ações ou de quotas no País, entendida como a dação de ações ou de quotas integralizadas do capital de uma empresa no País, detidas pelo investidor não residente, para integralização de capital por ele subscrito em outra empresa receptora no País; V – reinvestimento, entendido como as capitalizações de lucros, de dividendos, de juros sobre o capital próprio e de reservas de lucros na empresa receptora em que foram produzidos; VI – distribuição de lucros/ /dividendos, pagamento de juros sobre capital próprio, alienação de participação, restituição de capital e acervo líquido resultante de liquidação que forem utilizados para

Adicionalmente, como consequência da referida operação, os sócios ou acionistas da sociedade brasileira passarão a deter participação direta na sociedade estrangeira, devendo o investimento de cada um deles ser registrado como "investimento brasileiro direto no exterior", também por meio de operações de câmbio. Especificamente para este evento, conforme previsto na regulamentação cambial brasileira, para cada registro, as instituições autorizadas a operar no mercado de câmbio devem realizar operações simultâneas de câmbio, que compreende o registro do ingresso de investimento externo no Brasil e a saída de investimento brasileiro para o exterior, de forma simultânea em um mesmo banco[198].

Para realização das operações de câmbio, em qualquer dos casos, a formalização ocorre mediante a celebração de contratos de câmbio entre o vendedor e o comprador de moeda estrangeira, por meio das quais se estabelecem as características e as condições das operações de câmbio[199]. Como condição prévia para realizar tais procedimentos, a regula-

reaplicação em outras empresas receptoras no País; VII – distribuição de lucros/dividendos, pagamento de juros sobre capital próprio, alienação de participação, restituição de capital e acervo líquido resultante de liquidação que forem utilizados em pagamentos no País ou diretamente no exterior. § 1º O registro de que trata o caput deve ser efetuado no prazo de trinta dias, contados da data de ocorrência dos eventos de que tratam os incisos I a VII. § 2º O registro do reinvestimento é efetuado na moeda do país para o qual poderiam ter sido remetidos os rendimentos, apurado a partir do valor informado em reais".

[198] O art. 13 da Circular 3.689 prevê que "Art. 13. Quando da realização de investimentos por meio de conferência internacional de ações ou outros ativos, será exigida a realização de operações simultâneas de câmbio relativas ao ingresso de investimento externo no País e à saída de investimento brasileiro para o exterior, realizadas sem emissão de ordens de pagamento com liquidação pronta e simultânea em um mesmo banco. § 1º Entende-se por conferência internacional de ações ou outros ativos a integralização de capital de empresa brasileira efetuada por pessoa física ou jurídica, residente, domiciliada ou com sede no exterior, mediante dação ou permuta de participação societária detida em empresa estrangeira, sediada no exterior, ou a integralização de capital de empresa estrangeira, sediada no exterior, realizada mediante dação ou permuta, por pessoa física ou Circular nº 3.689, de 16 de dezembro de 2013 Página 4 de 24 jurídica, residente, domiciliada ou com sede no País, de participação societária detida em empresa brasileira. § 2º Nos casos previstos no § 1º não são admitidas operações que possam caracterizar participações recíprocas entre as empresas nacional e estrangeira. § 3º O valor das operações simultâneas de câmbio relativas à conferência internacional de ações ou outros ativos tem como limite o valor do laudo de avaliação dos ativos a serem conferidos, elaborado por empresa reconhecida pela CVM, apurado com utilização do mesmo método e de forma recíproca".

[199] Os arts. 40 e 41 da Circular nº 3.691 do Bacen, de 16 de dezembro de 2013 (Circular 3.691) preveem que "Art. 40. Contrato de câmbio é o instrumento específico firmado entre

mentação cambial brasileira exige que tais instituições têm a obrigação de solicitar a cada sócio ou acionista documentação e declarações que (i) evidenciem[200] a legalidade e a fundamentação econômica da operação e (ii) certifiquem sua qualificação[201] (tais quais, verificação de avaliações de desempenho, capacidade financeira, entre outras providências que considerem pertinentes), de modo que qualquer documentação requerida pelo BACEN esteja disponível de forma imediata e sem ônus, de acordo com o seu interesse.

Da mesma forma, a incorporadora brasileira que participe de incorporação transfronteiriça com incorporada estrangeira que acarrete na criação de filial brasileira no exterior ou na detenção de participação em sociedade estrangeira da qual a incorporada era sócia ou acionista, para que realize quaisquer investimentos no seu estabelecimento ou na sociedade no exterior, tais "investimentos brasileiros diretos no exterior"

o vendedor e o comprador de moeda estrangeira, no qual são estabelecidas as características e as condições sob as quais se realiza a operação de câmbio. Art. 41. As operações de câmbio são formalizadas por meio de contrato de câmbio, conforme o modelo do Anexo I a esta Circular, e seus dados devem ser registrados no Sistema Câmbio, consoante o disposto no capítulo II deste título, devendo a data de registro do contrato de câmbio no Sistema Câmbio corresponder ao dia da celebração de referido contrato". BANCO CENTRAL DO BRASIL. Circular nº 3.691 do BACEN, de 16 de dezembro de 2013. Brasília, DF, 16 dez. 2013. Disponível em: <http://www.bcb.gov.br/pre/normativos/busca/downloadNormativo.asp?arquivo=/Lists/Normativos/Attachments/48815/Circ_3691_v10_P.pdf>. Acesso em: 10 jun. 2018.

200 O art. 14 da Circular 3.689 prevê que "Art.14. Além da documentação que comprove a legalidade e a fundamentação econômica da operação, as pessoas jurídicas que efetuem remessas com vistas a constituir investimento direto no exterior em instituição financeira devem apresentar à instituição interveniente declaração de que não exercem atividade financeira no País, não são controladas por instituição autorizada a funcionar pelo Banco Central do Brasil, e que não detêm o controle direto ou indireto de instituição integrante do Sistema Financeiro Nacional, cujos investimentos no exterior devem obedecer aos critérios previstos em regulamentação específica."

201 O art. 139 da Circular 3.691 prevê que "Art. 139. As instituições autorizadas a operar no mercado de câmbio devem certificar-se da qualificação de seus clientes, mediante a realização, entre outras providências julgadas pertinentes, da sua identificação, das avaliações de desempenho, de procedimentos comerciais e de capacidade financeira, devendo organizar e manter atualizados: I – ficha cadastral, na forma e pelo prazo estabelecidos pela regulamentação sobre os procedimentos a serem adotados na prevenção e combate às atividades relacionadas com os crimes previstos na Lei nº 9.613, de 1998, também exigível para a atividade de corretagem de operação de câmbio; e II – documentos comprobatórios em meio físico ou eletrônico, observado que neste caso seja permitida ao Banco Central do Brasil a verificação do arquivo de forma imediata e sem ônus."

devem ocorrer mediante a realização de operações de câmbio mediante, condicionada à apresentação da documentação solicitada pela instituição financeira.

3.4. Legislação e Princípios Constitucionais e Legais

Além de a legislação societária não estabelecer nenhuma norma expressa sobre incorporação transfronteiriça envolvendo sociedades brasileiras e estrangeiras, quanto às regras de colisão e conflito de leis, as normas da LINDB não se revelam suficientes para lidar com incorporação transfronteiriça, restando dúvidas sobre se as sociedades envolvidas na operação teriam liberdade para definir sobre a legislação a ser aplicada (da incorporada ou da incorporadora), com base no princípio da autonomia da vontade; ou estariam obrigadas a se sujeitar a determinada legislação. Ainda, há lacuna como proceder em casos em que o ordenamento jurídico da sociedade estrangeira envolvida no processo exija que a legislação da outra sociedade (no caso, a brasileira) reconheça expressamente a operação e seus efeitos ou, ainda, caso não haja compatibilidade das regras das leis locais da sociedade estrangeira com a brasileira quanto à operação (ex: formalidades, publicidade, direito dos acionistas e de terceiros).

Ainda que o ordenamento jurídico pátrio não reconheça a operação, é possível afirmar que os institutos principiológicos permitem argumentar favoravelmente à sua possibilidade, ao não trazerem elementos que sejam contrários à participação de estrangeiros em tal evento societário. Ressalva-se, porém, que tais princípios não excluem as restrições protecionistas amparadas por normas constitucionais e infraconstitucionais em relação à atuação direta ou indireta de estrangeiros em determinados setores de atividades considerados estratégicos para o Governo, conforme detalhado nos Capítulos 2.2.1.1 e 2.2.1.2.

As limitações à atuação de sociedades estrangeiras no Brasil, em tese, não seriam impeditivas na hipótese de incorporação transfronteiriça de sociedade estrangeira por brasileira, tendo em vista que essa operação gera o efeito contrário, ou seja: implementada a operação, a sociedade brasileira passará a atuar direta ou indiretamente no país de origem da sociedade estrangeira, de acordo com as atividades desempenhadas e ativos detidos pela estrangeira no exterior. Dessa forma, a atuação da sociedade brasileira no exterior estaria sujeita aos requisitos previstos na legislação aplicável do país de origem da sociedade estrangeira. No entanto, para que os sócios ou acionistas da incorporada brasileira passem a investir diretamente na estrangeira, estes estariam sujeitos a formalidades operacionais para atendimento das regulamentações bancárias e cambiais, o que poderia dificultar a implementação da transação caso, por exemplo, sejam inúmeros os sócios ou acionistas da incorporada.

Diante da análise acima sobre o tema, a seguir serão apresentados os posicionamentos doutrinários em determinadas operações de incorporação transfronteiriça e casos práticos em hipóteses em que a sociedade brasileira figure como incorporadora ou como incorporada.

3.5. Doutrina Brasileira

A discussão entre juristas é escassa sobre incorporação transfronteiriça envolvendo sociedades brasileiras e estrangeiras, principalmente entre especialistas do direito societário, já que, na maioria, fiscalistas brasileiros emitiram suas opiniões sobre o tema.

Entre os juristas, alguns analisaram operações de acordo com o papel desempenhado pela sociedade brasileira (como incorporadora ou incorporada) e as atividades realizadas pela incorporada e pela incorporadora, em vista dos diferentes impactos gerados em cada um dos casos.

Porém, a maioria dos autores teve como maior objetivo discutir, na teoria, a possibilidade ou não de sociedades brasileiras participarem de operações de incorporação transfronteiriça, sem terem como principal enfoque a abordagem das especificidades do envolvimento das sociedades brasileiras como incorporadoras, comparativamente à sua participação como incorporadas. Dessa forma, a seguir são apresentadas as opiniões dos juristas, diferenciando-se entre os que possuem posicionamentos favoráveis e contrários às hipóteses de tais operações.

3.5.1. *Posicionamento Favorável às Operações*

O fiscalista José Motta Maia[202] fez breve menção sobre a incorporação transfronteiriça de uma sociedade estrangeira por uma brasileira em uma análise geral sobre a operação de incorporação no direito brasileiro.

[202] Maia, José Motta. **Fusão e incorporação de empresas: doutrina, procedimentos administrativos e fiscais, legislação.** São Paulo: Ed. da Universidade de São Paulo, 1972. p. 51.

Já o também tributarista Luís Eduardo Schoueri[203] fez uma análise sobre o tratamento fiscal do ágio em incorporação transfronteiriça envolvendo uma sociedade por outra sociedade que seja seu sócio ou acionista, seja no caso de incorporação transfronteiriça de brasileira por estrangeira ou estrangeira por brasileira.

Por fim, a fiscalista Elidie Palma Bifano[204] abordou a discussão sobre tratamento tributário e análise das vantagens tributárias na hipótese de incorporação transfronteiriça de sociedade brasileira por estrangeira ou estrangeira por brasileira, com as seguintes premissas: (i) ambas são operacionais e realizam a produção dos mesmos bens operadas sob marcas diferentes; e (ii) a brasileira é acionista controladora direta da estrangeira.

Nos estudos, todos concluíram sobre a viabilidade das respectivas operações no direito brasileiro, tendo destacado aspectos importantes para discussão, conforme são apresentados a seguir:

(i) *Análise da operação à luz do Direito Internacional Privado*

Elidie Bifano[205] fundamenta que, com fulcro no artigo 425[206] do Código Civil, a incorporação transfronteiriça seria juridicamente permitida, posto que a lei admite criar novos negócios (negócios atípicos) fundamentados ou com efeitos similares aos institutos jurídicos já regulamentados na legislação.

Adicionalmente, seria garantida a autonomia da vontade das partes não só no âmbito do direito brasileiro, quanto no Direito Internacional Privado, inclusive para determinação da lei aplicável em contratos internacionais, desde que observados os Princípios de Legalidade e Moralidade.

Nesse sentido, considerando que a incorporação transfronteiriça envolve a participação de sociedade brasileira e outra regida por lei de

[203] Schoueri, Luis Eduardo. Ágio em Reorganizações Societárias: Aspectos Tributários. São Paulo: Dialética, 2012. p. 83-97.

[204] Bifano, Elidie Palma. **Reorganização Internacional de Empresas e o Planejamento Tributário**. In: Santi, Eurico Marcos Diniz de; Mosquera, Roberto Quiroga; Zilveti, Fernando Aurelio. **Tributação Internacional**. São Paulo: Saraiva, 2007. p. 193-211.

[205] Ibidem, p. 195 e 196.

[206] O artigo 425 do Código Civil prevê que "art. 425. É lícito às partes estipular contratos atípicos, observadas as normas gerais fixadas neste Código."

diferente país, a determinação da legislação aplicável deveria observar a disposição prevista no art. 9º da LINDB, que estabelece que para qualificar e reger as obrigações envolvendo leis de diferentes países, deverá ser aplicada a lei do país em que se tenham constituído, de forma que (i) caso a obrigação seja executada no Brasil e dependendo de forma essencial, essa será observada, admitidas as peculiaridades da lei estrangeira quanto aos requisitos extrínsecos do ato; e (ii) a obrigação resultante do contrato reputa-se constituída no lugar em que residir o proponente.

Com base em tais regras, seria necessário determinar o local onde a incorporação será efetivada e executada, para determinação da lei aplicável, de acordo com o disposto na LINDB. Caso seja definido que operação de incorporação será regida, com relação à sociedade brasileira (seja incorporada ou incorporadora), pela legislação brasileira, devem ser realizados todos os procedimentos previstos na Lei das S.A. ou Código Civil (descritos na seção 1.3), conforme o tipo societário, observadas as regras da legislação estrangeira aplicável no que for pertinente aos atos que devam ser implementados.

(ii) *Análise da operação à luz do Direito Societário*

A jurista Elidie Bifano[207] argumenta que, com base em análise da Lei das S.A. e do Código Civil, é possível a realização de incorporação transfronteiriça no Brasil, ao indicar que:

> Tanto a lei societária quanto a lei civil admitem a possibilidade de uma operação transnacional dessa natureza porque: (i) não a impedem expressamente e (ii) utilizam um conceito genérico que enfatiza sociedades que absorvem e são absorvidas, não dando qualquer relevância à nacionalidade ou característica dos atores envolvidos.

Dessa forma, conclui que duas hipóteses de incorporação podem ocorrer, com consequências diversas: (i) incorporação de sociedade brasileira por estrangeira, acarretando na criação de filial de sociedade estrangeira no Brasil. Nesse caso, destacou-se que para funcionamento dessa filial, seria necessária a autorização prévia do Governo para seu funcionamento, devendo, para tanto, ser observados os procedimentos

[207] Bifano, op. cit., p. 195.

descritos na seção 2.2.1.1(i); e (ii) incorporação de sociedade estrangeira por brasileira, acarretando na criação de filial de sociedade brasileira no exterior, de forma que o tratamento legal da filial obedecerá ao direito do país onde esteja localizada.

O professor José Motta Maia[208] apenas mencionou, com base na Lei do Anonimato (vigente à época) sobre a possibilidade de sociedade estrangeira ser incorporada por brasileira, argumentando que "visto que a sede será no Brasil, [...] afasta qualquer objeção ligada à sua condição".

(iii) *Análise da operação à luz do Direito Tributário*

Não obstante o presente estudo ter enfoque na análise da incorporação transfronteiriça em face do direito societário, como a argumentação jurídica de Luís Eduardo Schoueri e Elidie Bifano sobre o tema tem como base legislação tributária, estas serão a seguir apresentadas, sem maior aprofundamento da matéria.

Em seu estudo, Schoueri[209] analisou, particularmente, se o art. 7º da lei nº 9.532[210], de 10 de dezembro de 1997, é aplicável às incorporações transfronteiriças tanto nas hipóteses em que a sociedade brasileira seja

[208] MAIA, op. cit., p. 49 a 53.

[209] SCHOUERI, op. cit., p. 83.

[210] O art. 7º da Lei 9.532/97 prevê que "Art. 7º. A pessoa jurídica que absorver patrimônio de outra, em virtude de incorporação, fusão ou cisão, na qual detenha participação societária adquirida com ágio ou deságio, apurado segundo o disposto no art. 20 do Decreto-Lei nº 1.598, de 26 de dezembro de 1977: I – deverá registrar o valor do ágio ou deságio cujo fundamento seja o de que trata a alínea "a" do § 2º do art. 20 do Decreto-Lei nº 1.598, de 1977, em contrapartida à conta que registre o bem ou direito que lhe deu causa; II – deverá registrar o valor do ágio cujo fundamento seja o de que trata a alínea "c" do § 2º do art. 20 do Decreto-Lei nº 1.598, de 1977, em contrapartida a conta de ativo permanente, não sujeita a amortização; III – poderá amortizar o valor do ágio cujo fundamento seja o de que trata a alínea "b" do § 2º do art. 20 do Decreto-lei n° 1.598, de 1977, nos balanços correspondentes à apuração de lucro real, levantados posteriormente à incorporação, fusão ou cisão, à razão de um sessenta avos, no máximo, para cada mês do período de apuração; IV – deverá amortizar o valor do deságio cujo fundamento seja o de que trata a alínea "b" do § 2º do art. 20 do Decreto-Lei nº 1.598, de 1977, nos balanços correspondentes à apuração de lucro real, levantados durante os cinco anos-calendários subsequentes à incorporação, fusão ou cisão, à razão de 1/60 (um sessenta avos), no mínimo, para cada mês do período de apuração." BRASIL. Lei nº 9.532, de 10 de dezembro de 1997. **Palácio do Planalto Presidência da República**, Brasília, DF, 10 dez. 1997. Disponível em <http://www.planalto.gov.br/ccivil_03/Leis/l9532.htm>. Acesso em: 29 nov. 2017.

incorporadora, quanto incorporada. Em linhas gerais, o referido dispositivo dispõe sobre o tratamento de ágio incidente à incorporadora em hipótese em que esta seja sócia ou acionista da incorporada, prevendo que o valor pago originalmente pela incorporadora na época da aquisição no passado da incorporada que seja contabilizado como ágio (com fundamento na rentabilidade futura) pode ser amortizado quando efetivada a incorporação. Porém, a norma não faz nenhuma menção expressa em relação à hipótese de incorporação com a participação de sociedade estrangeira, como incorporada ou incorporadora.

Ele conclui que o referido artigo se aplica à incorporação transfronteiriça em que a sociedade estrangeira seja incorporada ou incorporadora, tendo em vista que, como o legislador não restringiu de forma expressa sua aplicação à incorporação nacional apenas, não se deve interpretar a norma de forma limitada, "mormente quando nenhum princípio ou valor jurídico é violado". Além disso, destaca que a amortização do ágio prevista na referida norma possui caráter excepcional, devendo tal exceção estar em consonância com os princípios da livre iniciativa (por restringir "a autonomia do empresário em suas reestruturações societárias") e da liberdade. Isso porque, segundo Schoueri[211]:

> Caso se cogitasse construir a norma em comento de forma a impossibilitar a sua aplicação às empresas que promovessem incorporações internacionais, chegar-se-ia a um inaceitável resultado hermenêutico de inviabilização da concretização do valor constitucional de livre concorrência e livre iniciativa[212]. (....) Portanto, é razoável entender-se que o disposto no art. 7º da lei nº 9.532/1997 deve ser aplicado tanto para incorporações nacionais quanto internacionais, pois não há razão jurídica que justifique tratamento diferenciado.

[211] Schoueri, op. cit., p. 84.

[212] Schoueri acrescenta que os valores constitucionais de livre concorrência e livre iniciativa podem ser depreendidos de uma simples leitura das normas da Constituição Federal de 1988: "Art. 1º A República Federativa do Brasil, formada pela união indissolúvel dos Estados e Municípios e do Distrito Federal, constitui-se em Estado Democrático de Direito e tem como fundamentos: [...] IV – os valores sociais do trabalho e da *livre iniciativa*; [...] Art. 170. A ordem econômica, fundada na valorização do trabalho humano e na livre iniciativa, tem por fim assegurar a todos existência digna, conforme os ditames da justiça social, observados os seguintes princípios: [...] IV – *livre concorrência*. Ibidem, p. 84.

Elidie Bifano entende que o referido artigo é aplicável à sociedade brasileira, como incorporadora, que adquiriu a participação na sociedade estrangeira mediante pagamento de ágio fundamentado em rentabilidade futura. Complementa, ainda, que o mesmo tratamento é aplicável caso a sociedade estrangeira (como sociedade controlada pela brasileira) incorpore a sociedade brasileira, nos termos do art. 8º, b da lei 9.532/97[213].

A professora também sustenta que o artigo 2º, §§ 2º, 4º e 5º Instrução Normativa SRF nº 213, de 07 de outubro de 2002 ("IN 213/2002"), que regulava sobre a tributação de lucros auferidos no exterior por sociedades brasileiras, permitia a ocorrência de reorganização societária entre sociedades estrangeira e brasileira (inclusive incorporação transfronteiriça). Nesse sentido, afirmou que[214]:

> Considerando-se as premissas que orientam a lei brasileira, é factível a operação de incorporação em que sociedade brasileira incorpora sociedade estrangeira, bem como a operação de incorporação em que sociedade brasileira é incorporada por sociedade estrangeira. Apenas para ilustrar o afirmado, a incorporação foi tratada, de forma expressa, como possibilidade de estruturação internacional de uma reorganização societária, em norma infralegal (IN SRF n. 213/2002, art. 2º, §§ 2º, 4º e 5º) que cuidou da tributação de lucros auferidos no exterior.

Atualmente, as disposições citadas estão reguladas no artigo 8º[215], §§ 4º e 5º da Instrução Normativa SRF nº 1520, de 04 de dezembro de 2014

[213] O art. 8º, b da lei 9.532/97 prevê que "Art. 8º O disposto no artigo anterior aplica-se, inclusive, quando: b) a empresa [sic] incorporada, fusionada ou cindida for aquela que detinha a propriedade da participação societária."

[214] BIFANO, op. cit., p. 187.

[215] "Art. 8º Os resultados positivos auferidos no exterior, por intermédio de filiais, sucursais, controladas, direta ou indireta, ou coligadas serão computados para fins de determinação do lucro real e da base de cálculo da CSLL no balanço levantado em 31 de dezembro do ano-calendário em que tiverem sido disponibilizados para a pessoa jurídica domiciliada no Brasil. § 4º No caso de encerramento de atividades da filial, sucursal, controlada, direta ou indireta, ou coligada, domiciliadas no exterior, os lucros auferidos por seu intermédio, ainda não tributados no Brasil, serão considerados disponibilizados, devendo ser computados para fins de determinação do lucro real e da base de cálculo da CSLL no balanço levantado em 31 de dezembro do respectivo ano-calendário ou na data do encerramento das atividades da empresa [sic] no Brasil. § 5º Ocorrendo a absorção do patrimônio da filial, sucursal, contro-

("IN 1520/2014"), que revogou a IN 213/2002. Importante frisar que o §5º do artigo 8º desta norma prevê expressamente os impactos tributários na hipótese de incorporação de filial, sucursal, controlada, direta ou indireta, ou coligada brasileira por sociedade estrangeira.

Por fim, a professora[216] esclarece que na hipótese de sociedade brasileira incorporada pela sociedade estrangeira, salvo exceções, não existem restrições na legislação nacional para que a estrangeira se torne sucessora da brasileira.

3.5.2. *Posicionamento Desfavorável às Operações*

O professor especialista em direito tributário Heleno Taveira Tôrres[217] elaborou estudo para análise (i) do conceito, natureza jurídica e procedimentos para implementação dos diferentes tipos de reorganizações societárias nacionais e transnacionais; e (ii) dos aspectos fiscais aplicáveis a tais operações. Para tanto, levantou aspectos do direito internacional privado e direito societário brasileiro para justificar a inviabilidade de incorporação transfronteiriça de sociedade brasileira por estrangeira ou estrangeira por brasileira.

Já o reconhecido doutrinador de direito societário Nelson Eizirik[218] emitiu parecer sobre a possibilidade, no sistema jurídico brasileiro, de incorporações, especificamente, por instituição financeira estrangeira de três sociedades brasileiras que exercem as seguintes atividades no Brasil, respectivamente: (i) instituição financeira, (ii) distribuidora de títulos e valores mobiliários e (iii) holding que detém participação

lada, direta ou indireta, ou coligada por empresa [sic] sediada no exterior, os lucros ainda não tributados no Brasil, apurados até a data do evento, serão considerados disponibilizados, devendo ser computados para fins de determinação do lucro real e da base de cálculo da CSLL da beneficiária no Brasil, no balanço levantado em 31 de dezembro do ano-calendário do respectivo evento". RECEITA FEDERAL DO BRASIL. Instrução Normativa SRF nº 1520, de 04 de dezembro de 2014. Disponível em: <http://normas.receita.fazenda.gov.br/sijut2consulta/link.action?idAto=59074&visao=anotado>. Acesso em: 29 nov. 2017.

[216] BIFANO, op. cit., p. 200.

[217] TÔRRES, Heleno Tavares. **Direito Tributário Internacional: Planejamento Tributário e Operações Transnacionais.** São Paulo: RT, 2001. p. 425-507.

[218] EIZIRIK, Nelson. **Impossibilidade de incorporação de sociedades brasileiras por instituição financeira com sede no exterior. Impedimentos no ordenamento jurídico brasileiro.** In: EIZIRIK, Nelson. **Direito societário: estudos e pareceres.** São Paulo: Quartier Latin, 2015b. p. 613-652.

societária em 50% do capital social de sociedade que realiza operações no mercado de seguros e previdência privada. Na análise do caso, ele abordou diversos impedimentos legais, regulatórios e operacionais que, principalmente, em virtude das atividades exercidas pelas sociedades e grande quantidade de acionistas minoritários, não tornariam factível a operação.

Nos estudos, ambos concluíram sobre a inviabilidade das operações, seja em razão de empecilhos legais ou entraves operacionais, tendo destacado aspectos relevantes para discussão, conforme são apresentados a seguir:

(i) *Análise da operação à luz do Direito Internacional Privado*

Na opinião de Tôrres[219], para realização de incorporação transfronteiriça envolvendo sociedades de países diferentes, a primeira problemática a ser enfrentada seria a definição da legislação aplicável, dado que o país de origem de cada sociedade envolvida possui regulamentação local própria quanto aos efeitos da operação. Tendo em vista a falta de disciplina interna própria sobre incorporação transfronteiriça, essa operação deveria ser regulada por normas de direito internacional privado decorrentes:

> a) das leis aplicáveis a cada uma das sociedades, quanto à fase preparatória; b) da lei aplicável à sociedade menor, que exija proteção dos acionistas, dos trabalhadores e dos credores desta; c) da lei reguladora da sociedade incorporadora [...]; d) cumulativamente, de todas as leis às quais estejam sujeitas as sociedades participantes, para a disciplina dos atos comuns a todas as sociedades.

No entanto, Tôrres entende que as leis internas de cada país não poderiam atribuir à operação efeitos constitutivo-extintivos. Isso porque a incorporação transfronteiriça envolve relações jurídicas que geram diversos efeitos (ex: cautelas de proteção de direito de terceiros, como credores e sócios ou acionistas minoritários), de forma que ao ser regida por ordenamentos jurídicos específicos, tornaria a operação frágil e sem eficácia jurídica.

[219] Tôrres, op. cit., p. 431.

Conclui, assim, que exceto no caso da União Europeia, que possui no seu ordenamento jurídico disciplina legal regulando a operação (incluindo, determinação do âmbito de atuação da jurisdição, critérios para identificação do direito aplicável e eficácia dos atos jurídicos no respectivo país), não é juridicamente possível a incorporação transfronteiriça, como é o caso do Brasil.

(ii) *Análise da operação à luz do Direito Societário*

Tôrres[220] considera que, embora do ponto de vista econômico seja cabível nomear a operação como uma incorporação transfronteiriça, juridicamente, apenas ocorrerá compra e venda ou transferência de ativos de sociedade com sua subsequente liquidação. Nesse sentido, ele explica:

> Nesses casos, não teríamos mais que o aumento de capital numa das empresas partícipes da operação, enquanto na outra decretar-se-ia respectiva dissolução e nomear-se-iam os liquidantes, porque, estando em jurisdições diversas, os pressupostos objetivos e subjetivos dos institutos não se aperfeiçoariam, constituindo ato jurídico perfeito e direitos adquiridos. [...] Quando se trata de operações internacionais, nunca se tem [...] uma incorporação propriamente dita, mas sim uma aquisição societária, com base em regime contratual de compra e venda ou de cessão patrimonial.

Com base na sua análise, portanto, não seriam aplicáveis as regras e efeitos previstos na Lei das S.A. relativos à incorporação, tais quais a proteção de direitos de terceiros e sucessão universal dos direitos e deveres da incorporada à incorporadora (conforme descritas na seção 1.3).

(iii) *Imposição de restrições aplicáveis às sociedades brasileiras e estrangeiras envolvidas na incorporação transfronteiriça*

Eizirik elenca todos os procedimentos e limitações que dificultariam, de forma operacional, ou impediriam, por força de lei, a incorporação transfronteiriça de uma sociedade brasileira por estrangeira, principalmente por desempenharem as atividades descritas na seção 3.5.2 acima:

[220] Ibidem, p. 433.

a) *Restrições para mudança de nacionalidade de sociedade brasileira*

Eizirik[221] entende que a incorporação de uma sociedade brasileira por estrangeira é sujeita à aprovação unânime de seus sócios ou acionistas, dado que em razão da extinção da sociedade brasileira, eles se tornam sócios ou acionistas diretos da sociedade estrangeira.

Na sua opinião, o quórum de aprovação unânime é exigido no caso de incorporação transfronteiriça de sociedade brasileira por estrangeira, já que, por analogia, tal quórum é necessário para mudança de nacionalidade de uma sociedade brasileira para estrangeira.

Conforme descrito na seção 2.2.2, o art. 1.127 do Código Civil estabelece que a mudança de nacionalidade de uma sociedade brasileira para estrangeira apenas ocorrerá mediante consentimento expresso da unanimidade de seus sócios ou acionistas.

A observância a este quórum se justifica em razão[222] (i) da impossibilidade de obrigar alguém a se submeter à lei diferente da legislação de seu país de origem ou de residência, salvo se houver disposição expressa na lei local[223]; (ii) de a lei brasileira impor restrições na atuação de sociedades estrangeiras em determinados ramos de atividade no Brasil, conforme descrito na seção 2.2.1.1(ii); e (iii) de a lei estrangeira poder prever outros tipos de obrigações, deveres ou direitos que fragilizem a relação dos acionistas da sociedade, dependendo da lei aplicável em decorrência da mudança de nacionalidade[224].

Como a lei societária não permite que os sócios ou acionistas de uma sociedade brasileira rejeitem a sua incorporação, sendo, portanto, obrigados a entregar suas quotas ou ações de emissão da incorporada e receber, em contrapartida, as quotas ou ações de emissão da incorporadora, o jurista[225] é da opinião que o art. 1.127 do Código Civil seria cabível, pois deveria ser assegurado aos sócios ou acionistas brasileiros da incorporada se oporem (i) à migração compulsória à participação na sociedade estrangeira, assim como ocorre no caso de mudança de nacionalidade; e (ii) à submissão à lei estrangeira, sem concordância expressa.

[221] Eizirik, 2015b, op. cit., p. 625.
[222] Ibidem, p. 625.
[223] Carvalhosa, op. cit., p. 568.
[224] Eizirik, 2015b, op. cit., p. 625.
[225] Ibidem, p. 626.

Por fim, ele destaca que, conforme descrito na seção 2.2.2, da mesma forma que entende que a mudança de nacionalidade de sociedades brasileiras (i) é sujeita à oposição do Poder Público (ainda que seus sócios ou acionistas aprovem tal mudança por unanimidade), em caso daquelas que exercem atividades sujeitas à regime especial (conforme descrito na seção 2.1.3(ii)) e (ii) dá ensejo à adoção de medidas por seus credores para proteção de seus direitos (quais sejam, requerer o pagamento imediato de seu crédito, prestação de garantias suficientes ou a falência de tal sociedade credores), tais restrições seriam aplicáveis no caso de incorporação de sociedade brasileira por estrangeira.

b) *Requisitos para realização de investimento brasileiro direto no exterior*

Conforme detalhado na seção 3.3, Eizirik[226] ressalta que os sócios ou acionistas da sociedade brasileira passam a deter participação direta na estrangeira, em decorrência da incorporação de sociedade brasileira por estrangeira, devendo o investimento de cada um deles ser registrado como "investimento brasileiro direto no exterior", mediante a realização de operações de câmbio por instituições financeiras autorizadas a operar no mercado de câmbio, cabendo a cada sócio ou acionista disponibilizar documentação e prestar declarações que comprovem a legalidade e a fundamentação econômica da operação e certifiquem sua qualificação.

Considerando os requisitos impostos pela regulamentação cambial brasileira, Eizirik[227] defende que a sociedade estrangeira não poderia obrigar os sócios ou acionistas da incorporada brasileira a contratar as operações cambiais necessárias e apresentar os documentos e declarações exigidos para receber as quotas ou ações da sociedade estrangeira. Ressalta-se que, no âmbito da aprovação da incorporação em assembleia, embora os administradores sejam autorizados a praticar todos os atos necessários para a incorporação (nos termos do §2º do art. 227 da Lei das S.A., conforme descrito no 1.3.2 acima), incluindo a subscrição do aumento de capital da sociedade incorporada em nome de seus sócios ou acionistas, a apresentação da documentação requerida para efetivar as operações de câmbios não está incluída na referida autorização por tratar-se de ato de caráter personalíssimo dos sócios ou acionistas,

[226] EIZIRIK, 2015b, op. cit., p. 633.
[227] EIZIRIK, 2015b, op. cit., p. 633.

sendo necessário que todos eles o façam de forma voluntária para formalizar a troca de participação societária na estrangeira.

c) *Prévia autorização do Poder Executivo para funcionamento da sociedade estrangeira, por meio de estabelecimento, no Brasil*

Da mesma forma que observado por Elidie Bifano (conforme descrito na seção 3.5.1(ii) acima), Eizirik[228] salienta que a incorporação das sociedades brasileiras pela estrangeira acarretaria, como consequência, a extinção daquelas e atuação direta da sociedade estrangeira no Brasil, por meio de estabelecimento. Conforme detalhado na seção 2.2.1.1(i), o funcionamento do estabelecimento da estrangeira no Brasil, por meio de filiais, sucursais ou agências, é condicionado à prévia autorização do Poder Executivo para seu funcionamento e qualquer alteração dos seus atos constitutivos dependerá da aprovação do Poder Executivo para produzir efeitos no Brasil, entre outras obrigações que devem ser observadas pela sociedade estrangeira.

d) *Restrições à atuação de sociedade estrangeira em determinadas atividades no Brasil*

Conforme descrito na seção 2.2.1.1 acima, por força da Constituição Federal e leis infraconstitucionais, existem restrições e impedimentos para atuação de estrangeiros em determinados setores e atividades da economia brasileira.

Considerando que a incorporação de tais sociedades acarretaria na atuação direta da instituição financeira[229] estrangeira no Brasil, Eizirik destaca as implicações que seriam ocasionadas como consequência de cada operação de incorporação, com base nas regulações de cada atividade exercida pelas sociedades, que, no caso estudado pelo doutrinador, tratavam-se de atividades exercidas por instituições financeiras[230], socie-

[228] Eizirik, 2015b, op. cit., p. 648.

[229] Os arts. 10, §2º e 18 da Lei 4.595/64 preveem que: "Art. 10. §2º Observado o disposto no parágrafo anterior, as instituições financeiras estrangeiras dependem de autorização do Poder Executivo, mediante decreto, para que possam funcionar no País. Art. 18. As instituições financeiras somente poderão funcionar no País mediante prévia autorização do Banco Central da República do Brasil ou decreto do Poder Executivo, quando forem estrangeiras".

[230] O art. 10 da Lei nº 4.595, de 31 de dezembro de 1964, que regula sobre o Sistema Financeiro Nacional (Lei 4.595/64) prevê que: "Art. 10. Compete privativamente ao Banco

dades seguradoras[231] e entidades abertas de previdência privada[232] e de

Central da República do Brasil: [...] IX – Exercer a fiscalização das instituições financeiras e aplicar as penalidades previstas; X – Conceder autorização às instituições financeiras, a fim de que possam: a) funcionar no País; b) instalar ou transferir suas sedes, ou dependências, inclusive no exterior; c) ser transformadas, fundidas, incorporadas ou encampadas; d) praticar operações de câmbio, crédito real e venda habitual de títulos da dívida pública federal, estadual ou municipal, ações Debêntures, letras hipotecárias e outros títulos de crédito ou mobiliários; e) ter prorrogados os prazos concedidos para funcionamento; f) alterar seus estatutos; g) alienar ou, por qualquer outra forma, transferir o seu controle acionário. §1º No exercício das atribuições a que se refere o inciso IX deste artigo, com base nas normas estabelecidas pelo Conselho Monetário Nacional, o Banco Central da República do Brasil, estudará os pedidos que lhe sejam formulados e resolverá conceder ou recusar a autorização pleiteada, podendo incluir as cláusulas que reputar convenientes ao interesse público. §2º Observado o disposto no parágrafo anterior, as instituições financeiras estrangeiras dependem de autorização do Poder Executivo, mediante decreto, para que possam funcionar no País". Brasil. Lei nº 4.595, de 31 de dezembro de 1964. **Palácio do Planalto Presidência da República**, Brasília, DF, 31 dez. 1964. Disponível em: <http://www.planalto.gov.br/ccivil_03/leis/L4595.htm>. Acesso em: 10 jun. 2018.

[231] O art. 36 do Decreto-lei nº 73, de 21 de novembro de 1966, que regula sobre o Sistema Nacional de Seguros Privados (Decreto-lei 73/66) prevê que: "Art 36. Compete à SUSEP, na qualidade de executora da política traçada pelo CNSP, como órgão fiscalizador da constituição, organização, funcionamento e operações das Sociedades Seguradoras: a) processar os pedidos de autorização, para constituição, organização, funcionamento, fusão, encampação, grupamento, transferência de contrôle acionário e reforma dos Estatutos das Sociedades Seguradoras, opinar sôbre os mesmos e encaminhá-los ao CNSP; b) baixar instruções e expedir circulares relativas à regulamentação das operações de seguro, de acôrdo com as diretrizes do CNSP; [...] h) fiscalizar as operações das Sociedades Seguradoras, inclusive o exato cumprimento dêste Decreto-lei, de outras leis pertinentes, disposições regulamentares em geral, resoluções do CNSP e aplicar as penalidades cabíveis [...]." Brasil. Decreto-lei nº 73, de 21 de novembro de 1966. **Palácio do Planalto Presidência da República**, Brasília, DF, 21 nov. 1996. Disponível em: <http://www.planalto.gov.br/ccivil_03/decreto-lei/Del0073.htm>. Acesso em: 10 jun. 2018.

[232] O art. 8º do Decreto nº 81.402, de 23 de fevereiro de 1978, que dispões sobre as entidades abertas de previdência privada (Decreto 81.402/78) prevê que: "Art 8º Compete à Superintendência de Seguros Privados, na qualidade de órgão executivo e fiscalizador da política de previdência das entidades abertas: I – processar os pedidos de autorização para constituição, funcionamento, fusão, incorporação, grupamento, transferência de controle e reforma dos estatutos das entidades abertas, opinar sobre tais pedidos, e encaminhá-los ao Ministro da Indústria e do Comércio; II – baixar instruções relativas à regulamentação das atividades das entidades abertas, e aprovar seus planos de benefícios, de acordo com as diretrizes do CNSP [...] IV – fiscalizar as atividades das entidades abertas, inclusive quanto ao exato cumprimento da legislação e das normas em vigor, e aplicar as penalidades cabíveis [...]." Brasil. Decreto nº 81.402, de 23 de fevereiro de 1978. **Palácio do Planalto Presidência da Repú-**

gestão de recursos de terceiros[233] e administração de fundos de investimento[234].

3.5.3. *Posicionamento da Doutrina Brasileira*

Com base no entendimento da doutrina, conforme exposto nessa seção 3.5, conclui-se que todos se utilizaram de bons argumentos para justificar seus pontos de vista.

No que pese as questões levantadas pelos dois juristas que defendem pela impossibilidade da incorporação transfronteiriça, um deles (Tôrres) fez a análise considerando quaisquer das hipóteses da operação (i.e. sociedade brasileira como incorporadora ou incorporada) e muito bem ressaltou, sob a perspectiva do Direito Internacional Privado, sobre a dificuldade (i) em definir quais seriam as leis aplicáveis nos casos concretos e (ii) na aplicação das respectivas legislações dos países de origem das sociedades envolvidas, pela possível não harmonização, em vista de suas especificidades quanto aos procedimentos e efeitos da operação nos respectivos ordenamentos jurídicos.

Tira-se disso importante conclusão: faz-se imprescindível que a LINDB estabeleça as regras para definição da lei aplicável para que a in-

blica, Brasília, DF, 23 fev. 1978. Disponível em: <http://www.planalto.gov.br/ccivil_03/decreto/Antigos/D81402.htm>. Acesso em: 10 jun. 2018.

[233] O art. 1º da Resolução nº 2.451 do Conselho Monetário Nacional, de 27 de novembro de 1997 prevê que: "Art. 1º Estabelecer a obrigatoriedade de as instituições financeiras e demais instituições autorizadas a funcionar pelo Banco Central do Brasil promoverem a segregação da administração de recursos de terceiros das demais atividades da instituição. Parágrafo único. A segregação de atividades referida neste artigo pode ser promovida mediante a contratação de empresa [sic] especializada na prestação de serviços de gestão de recursos de terceiros." CONSELHO MONETÁRIO NACIONAL. Resolução nº 2.451, de 27 de novembro de 1997. Brasília, DF, 27 nov. 1997. Disponível em: <http://www.bcb.gov.br/pre/normativos/res/1997/pdf/res_2451_v1_O.pdf>. Acesso em: 10 jun. 2018.

[234] O art. 3º da Instrução nº 409 da CVM, de 18 de agosto de 2004 prevê que: "Art. 3º O fundo será constituído por deliberação de um administrador que preencha os requisitos estabelecidos nesta Instrução, a quem incumbe aprovar, no mesmo ato, o regulamento do fundo. Parágrafo único. Podem ser administradores de fundo de investimento as pessoas jurídicas autorizadas pela CVM para o exercício profissional de administração de carteira, nos termos do art. 23 da Lei nº 6.385, de 7 de dezembro de 1976." COMISSÃO DOS VALORES MOBILIÁRIOS. Instrução nº 409 da CVM, de 18 de agosto de 2004. Rio de Janeiro, RJ, 18 ag. 2004. Disponível em: <www.cvm.gov.br/legislacao/instrucoes/inst409.html>. Acesso em: 10 jun. 2018.

corporação transfronteiriça se concretize, embora Elidie Bifano tenha defendido que tal dispositivo preveja critérios suficientes para tanto, haja vista que, com base no art. 9º da LINDB, não é possível aferir (a) se tal enunciado poderia ser utilizado para determinar a lei aplicável no âmbito de incorporação transfronteiriça, considerando seu caráter societário, não contratual; (b) os procedimentos e formalidades da operação devem seguir o preceituado pela legislação brasileira ou estrangeira ou, ainda, se dependerá se a incorporada ou incorporadora seja brasileira; (c) a solução sobre eventual não compatibilidade entre as regras dispostas na legislação brasileira e a estrangeira aplicável; e (c) se o Princípio da Autonomia da Vontade seria permitido pela LINDB, o que autorizaria os envolvidos na operação a ter liberdade de escolha de lei.

Por outro lado, o outro autor (Eizirik) elencou todas as restrições e impeditivos legais, regulatórios e operacionais que dificultam ou impossibilitam, especificamente, a incorporação transfronteiriça de uma sociedade brasileira por estrangeira em casos em que as sociedades envolvidas atuam em setores altamente regulados no Brasil e tenham grande diversidade de acionistas que, em decorrência da incorporação transfronteiriça, tornar-se-ão filiais de estrangeiras no Brasil, o que dificulta ainda mais a transação pelas aprovações que estaria submetida. Embora Eizirik tenha realizado sua análise em um caso tão específico, importante observar que suas ressalvas devem ser consideradas também para transações envolvendo sociedades operacionais de menor porte e reguladas por outras leis especiais na mesma situação, ainda que causem menor impacto.

Pelas citadas razões, de fato se faz necessário analisar, caso a caso, as especificidades das operações envolvendo incorporação transfronteiriça, considerando que os impeditivos regulatórios são amparados por normas constitucionais e infraconstitucionais que têm como princípio assegurar interesse nacional e controle do BACEN sobre entrada e saída de divisas do Brasil, medidas estas que impactam não somente operações de incorporação transfronteiriça, mas também outras que envolvam a participação de estrangeiros. Infelizmente, não foram tecidas considerações também sobre outras lacunas na legislação societária que poderiam impactar na operação, como possível direito de retirada dos acionistas da incorporada e da incorporadora, em vista dos efeitos gerados a eles.

Já entre os autores que entendem pela viabilidade da operação, dois (Bifano e Shoueri) opinaram considerando incorporação transfronteiriça de sociedade brasileira por estrangeira ou estrangeira por brasileira e o terceiro (Maia) refletiu apenas no caso de sociedade brasileira como incorporadora da estrangeira. Todos justificaram sua opinião, em linhas gerais, do ponto de vista societário, utilizando-se do princípio da legalidade no direito privado de que tudo que a lei não proíbe, é permitido. Ou seja, em função da não vedação expressa pela Lei das S.A. e Código Civil, a operação é juridicamente possível. Nesse sentido, caberia também argumentar favoravelmente pela operação, sob a ótica de demais institutos principiológicos que sustentam a participação de sociedades estrangeiras na incorporação com sociedades brasileiras, conforme detalhados no Capítulo 3.2, quais sejam: Autonomia de Vontade, Isonomia, Liberdade de Associação e de Iniciativa.

Adicionalmente, argumentaram, com base em dispositivos legais relativos a direito tributário, principalmente pela menção de norma (IN 1520) que prevê expressamente a hipótese de incorporação de sociedade estrangeira por brasileira.

Com base nos mencionados estudos, verifica-se, portanto, que os juristas não chegaram a um consenso comum sobre a viabilidade ou não de sociedades brasileiras participarem de incorporações transfronteiriças e, ainda, figurando como incorporadoras ou incorporadas. Adicionalmente, infelizmente, em nenhum momento teceram qualquer consideração sobre os procedimentos e formalidades que deveriam ser adotados para a execução das operações. Sem prejuízo, apresentaram importantes ponderações que devem ser mais aprofundadas e ramificadas para identificação de todos os aspectos legais que devem ser absorvidos pelo ordenamento jurídico brasileiro para positivação da operação.

A seguir, são analisados alguns casos práticos de incorporação transfronteiriça no Brasil para exame da forma como foram implantados, incluindo etapas, aprovações societárias, documentos aprovados e legislações aplicáveis, os quais coadunam com a necessidade de sua regulamentação no Brasil.

3.6. Casos Práticos

Com base na pesquisa realizada para o presente trabalho[235], embora tenham sido identificados poucos casos, foram implementadas incorpo-

[235] A pesquisa teve como base incorporações transnfronteirças envolvendo sociedades brasileiras (i) por ações de capital aberto (as quais possuem atos societários arquivados na CVM)

rações transfronteiriças em que as sociedades brasileiras figuram tanto como incorporadoras, quanto incorporadas.

Não obstante, na maior parte dos casos identificados, as sociedades brasileiras figuram como incorporadoras (e, portanto, as estrangeiras como incorporadas), conforme são apresentados abaixo:

3.6.1. *Incorporações Transfronteiriças de Sociedades Estrangeiras por Brasileiras*

Dos casos de incorporação transfronteiriça em que as sociedades brasileiras são incorporadoras, foram selecionadas operações envolvendo (i) como incorporadoras: sociedade por ações brasileiras de capital aberto (Ambev S.A., Marfrig Alimentos S.A., CPFL Energias Renováveis S.A. e Vale S.A.); e (ii) como incorporadas: sociedades estrangeiras não operacionais que tinham como ativo e atividade principal a participação em outras sociedades (holdings).

Sociedade por ações brasileiras de capital aberto são (a) reguladas e fiscalizadas pela CVM[236], com obrigação de divulgar tais operações como ato ou fato relevante nos termos da Instrução nº 358 da CVM, de 3 de

pelas razões expostas na seção 3.2.1 e (ii) por ações e limitadas com atos constitutivos registrados na Junta Comercial do Estado de São Paulo (JUCESP), pelo fato de o Estado de São Paulo possuir a maior aglomeração de sociedades multinacionais do Brasil (conforme informações do Governo do Estado de São Paulo, disponível em http://www.saopauloglobal.sp.gov.br/panorama_geral.aspx). Dessa forma, para análise dos documentos por meio dos quais as operações foram formalizadas, as a pesquisa foi realizada entre 28 de novembro de 2017 a 19 de agosto de 2018, respectivamente, (i) nos sites da CVM (http://www.cvm.gov.br) e (ii) JUCESP (https://www.jucesponline.sp.gov.br) e do Diário Oficial do Estado de São Paulo (https://www.imprensaoficial.com.br).

[236] A CVM é uma autarquia dotada de autoridade administrativa independente que tem como função, nos termos da Lei nº 6.385, de 7 de dezembro de 1976, entre outros: (i) normatizar, disciplinar e desenvolver o mercado de valores mobiliários no Brasil; (ii) fiscalizar as companhias de capital aberto para proteger os interesses dos investidores (principalmente os acionistas minoritários) e o mercado de valores mobiliários em geral para coibir práticas ilegais, fraudes, abis; (ii) assegurar aos investidores e ao mercado em geral acesso a informação sobre as companhias, incluindo sobre atos ou fatos relevantes envolvendo as companhias; e (iii) investigar e punir condutas ilegais, fraudulentas ou que prejudiquem os investidores, de acordo com certos critérios. BRASIL. Lei nº 6.385, de 7 de dezembro de 1976. **Palácio do Planalto Presidência da República**, Brasília, DF, 7 dez. 1976. Disponível em: <http://www.planalto.gov.br/ccivil_03/Leis/L6385.htm>. Acesso em: 25 jun. 2018.

janeiro de 2002, conforme alterada[237] ("Instrução CVM 358"); e (b) de grande porte e integrantes de grupos econômicos de relevância no mercado nacional e internacional.

Por tal razão, as operações (i) tiveram grande divulgação no mercado e (ii) estavam sujeitas à análise da CVM, que tem como papel normatizar, fiscalizar e apurar eventuais práticas lesivas, inclusive emitir orientações, decisões e manifestações relativas a operações (entre outros) que tenham sido objeto de seu exame e de eventuais processos administrativos ou, ainda, sancionadores que são importantes fontes em matéria societária.

Portanto, foi feita a seleção de tais casos (i) para avaliação de eventual manifestação da CVM com relação às operações; e (ii) em virtude de os documentos societários e comunicações sobre as operações de tais companhias terem sido muito divulgados e de acesso público.

(i) *Incorporação da Labatt Brewing Canada Holding Ltd. pela Companhia de Bebidas da América – Ambev (atualmente, Ambev S.A.)*

Em 27 de agosto de 2004, em Assembleia Geral Extraordinária[238], acionistas representando a maioria do capital social votante da Companhia de Bebidas da América – Ambev (atualmente, Ambev S.A. – "Ambev"), companhia aberta brasileira que atua no segmento de produção e distribuição de cervejas, nacional e internacionalmente, aprovaram a

[237] O art. 2º, Parágrafo Único, VII da Instrução CVM 358 prevê que: "Art. 2o Considera-se relevante, para os efeitos desta Instrução, qualquer decisão de acionista controlador, deliberação da assembleia geral ou dos órgãos de administração da companhia aberta, ou qualquer outro ato ou fato de caráter político-administrativo, técnico, negocial ou econômico-financeiro ocorrido ou relacionado aos seus negócios que possa influir de modo ponderável: I – na cotação dos valores mobiliários de emissão da companhia aberta ou a eles referenciados; II – na decisão dos investidores de comprar, vender ou manter aqueles valores mobiliários; III – na decisão dos investidores de exercer quaisquer direitos inerentes à condição de titular de valores mobiliários emitidos pela companhia ou a eles referenciados. Parágrafo único. Observada a definição do caput, são exemplos de ato ou fato potencialmente relevante, dentre outros, os seguintes: (...) VII – incorporação, fusão ou cisão envolvendo a companhia ou empresas [sic] ligadas;" COMISSÃO DOS VALORES MOBILIÁRIOS. Instrução nº 358 da CVM, de 3 de janeiro de 2002. Disponível em: <http://www.cvm.gov.br/legislacao/instrucoes/inst358.html>. Acesso em: 5 ago. 2018.

[238] A cópia da ata da Assembleia Geral Extraordinária da Ambev está disponível em: <https://www.jucesponline.sp.gov.br>. Acesso em: 1 de junho de 2018.

incorporação da Labatt Brewing Canada Holding Ltd., sociedade limitada constituída de acordo com as leis das Bahamas, não-operacional (holding) que detinha participação em sociedades que atuam no mesmo segmento ("Labatt Holding").

A referida incorporação[239] foi realizada no âmbito de uma operação de associação da Ambev com a Interbrew S.A., companhia belga (atualmente, Anheuser-Busch InBev SA/NV) ("Interbrew"), acionista indireta da totalidade do capital social da Labatt Holding. A Labatt Holding é uma sociedade não-operacional (holding) que, no ato da incorporação, tinha como principal ativo a participação de 99,9% no capital social da Labatt Holding B.V., sociedade holandesa ("Labatt B.V."), também sociedade não-operacional (holding) que, por sua vez, no ato da incorporação, tinha como principal ativo a participação na Labatt Brewing Company Limited, companhia canadense ("Labatt"). Após a incorporação, a Ambev passou a deter, direta ou indiretamente, a totalidade do capital social da Labatt. Os termos e condições básicos da incorporação foram acordados entre a Ambev, a Interbrew, a Labatt Holding e a Labatt, por meio da celebração do Incorporação *Agreement* em 3 de março de 2014.

A operação compreendeu as seguintes fases e documentos, conforme requisitos previstos na Lei das S.A., como detalhado na seção 1.3:

(i) Fase preparatória – os administradores da Ambev e Labatt negociaram os termos e condições da incorporação, mediante celebração do Protocolo e Justificação de Incorporação em 19 de março de 2004, elaborado nos termos da Lei das S.A. ("Protocolo e Justificação da Labatt Holding"), estabelecendo que (a) o cálculo da relação de substituição das ações de emissão da Labatt Holding por ações de emissão da Ambev foi estabelecida com base no valor econômico da Ambev e da Labatt Holding, avaliadas segundo os mesmos critérios e na mesma data, em cumprimento ao disposto no art. 264 da Lei das S.A., conforme requisitos descritos na seção 1.8; e (b) é sujeita à autorização da CVM a adoção do critério de valor econômico para o cálculo da relação de substituição.

[239] Tais informações foram divulgadas em Fatos Relevantes pela Ambev em 3, 5 e 17 de março de 2004. Disponível em: <http://ri.ambev.com.br>. Acesso em: 8 de junho de 2018.

(ii) Fase de aprovação – foram realizados os seguintes eventos societários:

(a) Em 16 de março de 2004, os acionistas da Labatt Holding aprovaram, por meio de assembleia de acionistas: (i) os termos e condições do Protocolo e Justificação da Labatt Holding e (ii) a prática pelos administradores da Labatt Holding de todos os atos necessários que antecedem a efetiva incorporação;

(b) Em 18 de maio de 2004, acionistas representando a maioria do capital social votante da Ambev aprovaram, por meio de Assembleia Geral Extraordinária: (i) o Protocolo e Justificação da Labatt Holding, ressalvando que a aprovação referente à apresentação de laudos de avaliação do patrimônio líquido das sociedades incorporadora e incorporada a preços de mercado, segundo os mesmos critérios e na mesma data, nos termos do art. 264 da Lei das S.A., é feita *ad referendum* da segunda assembleia geral da Ambev que iria deliberar definitivamente sobre a incorporação; (ii) a contratação da empresa especializada brasileira a preparar os laudos indicados acima; (iii) a ratificação da nomeação da empresa especializada brasileira a preparar o laudo de avaliação a valor contábil do patrimônio líquido da Labatt Holding, a ser vertido para a Ambev e (iv) a prática pelos administradores da Ambev de todos os atos necessários à implementação das deliberações tomadas; e

(c) Em 27 de agosto de 2004, acionistas representando a maioria do capital social votante da Ambev aprovaram, por meio de Assembleia Geral Extraordinária: (i) o laudo de avaliação a valor contábil do patrimônio líquido da Labatt Holding; (ii) a operação; (iii) o aumento de capital, em decorrência da incorporação da Labatt Holding; e (iv) a prática pelos administradores da Ambev de todos os atos necessários à implementação e formalização da operação.

(iii) Fase de formalização – as atas das Assembleias Gerais Extraordinárias da Ambev foram registradas na JUCESP[240] e publicadas

[240] Ao contrário de outros casos práticos de incorporação transfronteiriça descritos neste Capítulo, as cópias dos atos societários da Ambev relativos à incorporação da Labatt

no Diário Oficial do Estado de São Paulo e respectivo jornal de grande circulação.

Importante ressaltar que esta operação foi objeto de reclamação[241] apresentada por acionista minoritário perante a CVM. Durante o processo, não houve qualquer manifestação ou questionamento da CVM com relação à operação de incorporação transfronteiriça em si.

(ii) *Incorporação da Keystones Food International Holdings LLC pela Marfrig Alimentos S.A.*

Em 1º de março de 2011, em Assembleia Geral Extraordinária[242], acionistas representando a maioria do capital social votante da Marfrig Alimentos S.A., companhia aberta brasileira que atua no segmento de produção, industrialização e distribuição de alimentos à base de proteína animal ("Marfrig"), aprovaram a incorporação de sua subsidiária integral, Keystone Foods International Holdings LLC, sociedade limitada constituída conforme leis do Estado de Delaware, Estados Unidos da América, sociedade não-operacional (holding) que, no ato da incor-

Holding não estão disponíveis para consulta no site da JUCESP (https://www.jucesponline.sp.gov.br), razão pela qual não foi possível verificar registro de qualquer parecer da JUCESP a respeito da operação de incorporação transfronteiriça. Acesso em: 8 de junho de 2018.

[241] Em 08 de abril de 2004, a Caixa de Previdência dos Funcionários do Banco do Brasil – PREVI apresentou reclamação à CVM requerendo, entre outros, a instauração de processo administrativo para apurar falhas na divulgação da operação, abuso de poder de controle pelos controladores da Ambev, benefício particular auferido pelos mesmos, conflito de interesses dos controladores na aprovação da operação e violação dos deveres de lealdade e diligência por parte dos administradores. Em dezembro de 2004, a CVM (conforme Processo CVM RJ 2004/5494) decidiu não instaurar inquérito administrativo ao entender que não houve abuso de poder pelos controladores e que regra do conflito de interesses do controlador não seria aplicável à operação por tratar-se de incorporação de sociedade sob controle comum, à qual se aplicaria a regra específica do art. 264 da Lei das S.A., nem indícios do aproveitamento de oportunidade comercial pelos conselheiros da Ambev. Por fim, a CVM instaurou processo sancionador (Processo Administrativo Sancionador CVM nº 21/200)5 contra administradores e controladores da Ambev para apurar eventuais irregularidades no âmbito da operação, incluindo eventual uso de informação privilegiada relacionada aos negócios com ações de emissão da Ambev. Os acusados que não foram absolvidos celebraram termos de compromisso com a CVM em dezembro de 2009. Os referidos processos estão disponíveis em <http://www.cvm.gov.br>. Acesso em: 8 jun. 2018.

[242] A cópia da ata da Assembleia Geral Extraordinária da Marfrig está disponível em: <https://www.jucesponline.sp.gov.br>. Acesso em: 8 jun. 2018.

poração, tinha como principal ativo a participação em sociedades que atuam no mesmo segmento ("Keystone").

A operação compreendeu as seguintes fases e documentos, conforme requisitos previstos na Lei das S.A., conforme detalhado na seção 1.3:

(i) Fase preparatória – os administradores da Marfrig e Keystone negociaram os termos e condições da incorporação, mediante celebração do Protocolo e Justificação da Incorporação, elaborado nos termos da Lei das S.A. ("Protocolo e Justificação da Keystone"). Conforme consignado no Protocolo e Justificação da Keystone, com base na Deliberação CVM 559/08, tendo em vista que trata-se de incorporação pela Marfrig de sua subsidiária integral e que, como consequência da operação, a integralidade do patrimônio da Keystone será vertido à Marfrig, sem resultar em aumento de capital e alteração da participação dos acionistas no capital social da Marfrig, existe a dispensa do cálculo da relação de substituição das ações de emissão da Keystone por ações de emissão da Marfrig, nos termos do artigo 264 da Lei das S.A., conforme requisitos descritos na seção 1.8.

(ii) Fase de aprovação – foram realizados os seguintes eventos societários:

(a) Em 7 de fevereiro de 2011, a Marfrig, como única sócia da Keystone, aprovou, por meio do *Written Consent in Lieu os a Metting of the Sole Member of Keystone*, nos termos do *Section* 18-302 de *Delaware Limited Company Act*, conforme constou expresso no documento: (i) a celebração de um *Plan and Agreement of Merger* por Marfrig e Keystone. O *Plan and Agreement of Merger* foi celebrado por Marfrig e Keystone em 7 de fevereiro de 2011 e estabelecia, em linhas gerais, os termos e efeitos da incorporação, os quais foram refletidos no Protocolo e Justificação da Keystone (ex: data da aprovação da incorporação pelos acionistas da Marfrig, como resultado da incorporação cancelamento das quotas da Keystone, sua extinção e Marfrig como seu sucessor universal, inclusive em processos judiciais promovidos contra Keystone no Estado de Delaware); (ii) a nomeação da empresa especializada brasileira para preparação do laudo de avaliação do patrimônio líquido da Keystone a valor contábil; (iii) a celebração do Protocolo e Justificação da Keystone; e (iv) a prática pelos administradores da Keystone de arquivar o *Plan and Agreement of Merger* perante os órgãos competentes e o *Certificate of Merger* perante a Secretariado Estado de *Delaware*; e

(b) Em 1º de março de 2011, acionistas representando a maioria do capital social votante da Marfrig aprovaram, por meio da Assembleia Geral Extraordinária: (i) o Protocolo e Justificação da Keystone; (ii) a ratificação da nomeação da empresa especializada brasileira que preparou o laudo de avaliação do patrimônio líquido da Keystone; (iii) o laudo de avaliação do patrimônio líquido da Keystone a valor contábil elaborado pela empresa; (iv) a operação; e (v) a prática pelos administradores da Marfrig de todos os atos necessários à implementação e formalização da operação.

(iii) Fase de formalização – a ata da Assembleia Geral Extraordinária da Marfrig foi registrada na JUCESP (acompanhada da cópia do *Written Consent in Lieu os a Metting of the Sole Member of Keystone*, que continha como anexo o *Plan and Agreement of Merger*), tendo sido publicada no Diário Oficial do Estado de São Paulo e respectivo jornal de grande circulação.

(iii) *Incorporação da Jantus S.L. pela CPFL Energias Renováveis S.A.*

Em 26 de março de 2013, em Assembleia Geral Extraordinária[243], os acionistas da CPFL Energias Renováveis S.A., companhia aberta brasileira que atua no segmento de geração de energia por meio de fontes renováveis ("CPFL"), aprovaram a incorporação da Jantus S.L., sociedade limitada espanhola, não-operacional (holding) que, no ato da incorporação, tinha como principal ativo a participação, direta ou indiretamente, na totalidade do capital social de duas sociedades limitadas brasileiras que operam parques eólicos no Brasil[244] ("Jantus").

[243] A cópia da ata da Assembleia Geral Extraordinária da CPFL está disponível em: <https://www.jucesponline.sp.gov.br>. Acesso em: 28 de novembro de 2017.

[244] Conforme informação constante em Fato Relevante divulgado pela CPFL em 26 de março de 2013 disponível em: <https://www.cpflrenovaveis.com.br>. Acesso em: 8 de junho de 2018.

Com base na Deliberação CVM 559/08, tendo em vista que trata-se de incorporação pela CPFL de sua subsidiária integral, mediante solicitação da CPFL, a CVM concedeu a dispensa do cálculo da relação de substituição das ações de emissão da Jantus por ações de emissão da CPFL, nos termos do artigo 264 da Lei das S.A. Importante notar que não foi divulgada pela CPFL qualquer ressalva ou questionamento pela CVM por se tratar de incorporação transfronteiriça.

A operação compreendeu as seguintes fases e documentos, conforme requisitos previstos na Lei das S.A., conforme detalhado na seção 1.3:

(i) Fase preparatória – os administradores da CPFL e Jantus negociaram os termos e condições da incorporação, mediante celebração do documento denominado Protocolo e Justificação da Incorporação e *Proyecto de Fusión por Absorción*, regido nos termos da Lei das S.A. e da legislação espanhola[245] aplicável ("Protocolo e Justificação da Jantus"). Além do atendimento de todos os requisitos previstos na Lei das S.A., conforme descrito na seção 1.3.1 acima, o Protocolo e Justificação da Jantus estabeleceu demais disposições exigidas pela lei espanhola, conforme constou expresso no documento, tais quais: (a) a operação constitui uma incorporação tranfronteiriça extracomunitária; (b) indicação de que não existem terceiros detentores de outros títulos que não sejam as ações ou quotas de emissão da CPFL e Jantus (ex: ações ou participações sociais de classes especiais ou opções); (c) os efeitos contábeis da incorporação cumprirão as normas contábeis espanholas; (d) impactos causados aos empregados da Jantus (que por não ter nenhum, não gerou qualquer efeito); e (e) indicação sobre o regime fiscal espanhol aplicável na operação.

(ii) Fase de aprovação – os acionistas da CPFL aprovam, por meio da Assembleia Geral Extraordinária: (a) o Protocolo e Justificação da Jantus; (ii) a ratificação da nomeação da empresa especializada brasileira que preparou o laudo de avaliação do patri-

[245] Conforme descrito no denominado Protocolo e Justificação da Incorporação ou *Proyecto de Fusión por Absorción*, documento preparado nas línguas portuguesa e espanhola, a legislação espanhola aplicável é a Lei Espanhola 3/2009.

mônio líquido da Jantus; (c) o laudo de avaliação do patrimônio líquido da Jantus a valor contábil elaborado pela empresa; (d) a operação; e (d) a prática pelos administradores da CPFL e da Jantus de todos os atos necessários à implementação e formalização da operação nas jurisdições aplicáveis.

(iii) Fase de formalização – durante o processo de registro da ata da Assembleia Geral Extraordinária da CPFL que aprovou a operação perante a Junta Comercial do Estado de São Paulo ("JUCESP"), a Procuradoria da JUCESP emitiu parecer[246] indicando que, em regra, é requisito[247] para arquivamento dos atos de incorporação a apresentação das atas da assembleia geral extraordinária ou alterações de contrato social da incorporada e da incorporadora. Não obstante, como no caso a Jantus era sociedade unipessoal espanhola tendo como única sócia a CPFL, a JUCESP dispensou a apresentação de ato societário da Jantus, sendo suficiente somente o da CPFL, manifestando-se favorável ao registro:

> Não logramos encontrar na legislação brasileira qualquer impedimento legal à incorporação de empresa estrangeira por empresa brasileira razão pela qual, exclusivamente sob esse aspecto em particular, não encontramos qualquer óbice ao registro pretendido.

[246] A cópia do parecer CJ/JUCESP nº 493/2013 acompanha a cópia da ata da Assembleia Geral Extraordinária da CPFL disponível em: <https://www.jucesponline.sp.gov.br>. Acesso em: 28 nov.2017.

[247] Conforme previsto na Instrução Normativa nº 88, de 02 de agosto de 2001 do Departamento Nacional de Registro do Comércio (DNRC), vigente à época (atualmente previsto na Instrução Normativa nº 35, de 03 de março de 2017 do Departamento de Registro Empresarial de Integração (DREI)), que dispõe sobre o arquivamento dos atos de incorporação, entre outros, "art. 15 Para o arquivamento dos atos de incorporação, além dos documentos formalmente exigidos, conforme quadro em anexo, são necessários: I – certidão ou cópia autêntica da ata da assembleia geral extraordinária ou a alteração contratual da sociedade incorporadora com a aprovação do protocolo de intenções, da justificação, a nomeação de peritos ou de empresa [sic] especializada, do laudo de avaliação, a versão do patrimônio líquido, o aumento do capital social, se for o caso, extinguindo-se a incorporada; II – certidão ou cópia autêntica da ata da assembleia geral extraordinária ou a alteração contratual da incorporada com a aprovação do protocolo de intenções, da justificação, e autorização aos administradores para praticarem os atos necessários à incorporação."

Dessa forma, a ata da Assembleia Geral Extraordinária da CPFL foi registrada na JUCESP e publicada Diário Oficial do Estado de São Paulo e respectivo jornal de grande circulação.

(iv) *Incorporação da Balderton Trading Corp. e Fortlee Investments Ltd. pela Vale S.A.*

Em 21 de dezembro de 2017, em Assembleia Geral Extraordinária[248], acionistas representando a maioria do capital social votante da Vale S.A., companhia aberta brasileira que atua no setor de mineração ("Vale"), aprovaram a incorporação da Balderton Trading Corp. e Fortlee Investments Ltd., sociedades constituídas de acordo com as leis das Ilhas Virgens Britânicas, não-operacionais (holding) que, no ato da incorporação, tinha como principal ativo a participação em sociedades que atuam no mesmo segmento (em conjunto, as "Incorporadas").

A operação compreendeu as seguintes fases e documentos, conforme requisitos previstos na Lei das S.A., conforme detalhado na seção 1.3:

(i) Fase preparatória – os administradores da Vale e Incorporadas negociaram os termos e condições da incorporação, mediante celebração dos respectivos Protocolos e Justificações das Incorporações, elaborados nos termos da Lei das S.A. ("Protocolos e Justificações das Incorporadas"). Conforme consignado nos Protocolos e Justificações das Incorporadas, tendo em vista que trata-se de incorporação pela Vale de suas subsidiárias integrais, não foi elaborado cálculo das relações de substituição das ações previsto no artigo 264 da Lei das S.A.

(ii) Fase de aprovação – acionistas representando a maioria do capital social votante da Vale aprovaram, por meio da Assembleia Geral Extraordinária referida acima: (a) o Protocolos e Justificações das Incorporadas; (b) a ratificação da nomeação da empresa especializada brasileira que preparou o laudo de avaliação do patrimônio líquido das Incorporadas; (c) os laudos de avaliação dos patrimônios líquidos das Incorporadas a valor contábil

[248] A cópia da ata da Assembleia Geral Extraordinária da Vale está disponível em: <http://www.vale.com/brasil/PT/investors/corporate-governance/notices-minutes-corporate-documents/Paginas/default.aspx>. Acesso em: 11 jun. 2018.

elaborado pela empresa; (d) a operação; e (e) a prática pelos administradores da Vale de todos os atos necessários à implementação e formalização da operação nas jurisdições aplicáveis. Nenhum dos atos societários da operação e dos comunicados ao mercado divulgados pelo Vale fazem menção à existência e forma das aprovações realizadas pelos acionistas das Incorporadas[249].

(iii) Fase de formalização – a ata da Assembleia Geral Extraordinária da Vale foi registrada na Junta Comercial do Estado do Rio de Janeiro, tendo sido publicada no Diário Oficial do Estado do Rio de Janeiro e respectivo jornal de grande circulação.

3.6.2. *Incorporações Transfronteiriças de Sociedades Brasileiras por Estrangeiras*

Foram identificados poucos casos de incorporação transfronteiriças em que as sociedades brasileiras figuram como incorporadas e as estrangeiras como incorporadoras. Em nenhum destes, houve a participação de companhias de capital aberto brasileiras.

(i) *Incorporação da Genova Participações Ltda. pela Fallsview Enterprises Corp.*

Em 23 de dezembro de 2010, em Reunião de Sócios[250], a única sócia da Genova Participações Ltda., sociedade limitada brasileira ("Genova"), aprovou a sua incorporação pela Fallsview Enterprises Corp., sociedade constituída de acordo com as leis das Ilhas Cayman ("Fallsview").

A Genova era subsidiária integral da Fallsview e, no ato da incorporação, tinha como principal ativo a participação em sociedade nacional que realiza serviço de outsourcing de impressão e gestão de documentos.

[249] Adicionalmente, as cópias dos atos societários da Vale não estão disponíveis para consulta no site da Junta Comercial do Estado do Rio de Janeiro (https://www.jucerja.rj.gov.br/), razão pela qual não foi possível verificar se foram apresentadas as cópias dos atos societários de Balderton Trading Corp. e Fortlee Investments Ltd. relativos às incorporações ou o registro de qualquer parecer da JUCESP a respeito da operação de incorporação transfronteiriça. Acesso em: 11 jun. 2018.

[250] A cópia da ata da Assembleia Geral Extraordinária da Isolux está disponível em: <https://www.jucesponline.sp.gov.br>. Acesso em: 28 nov. 2017.

A operação compreendeu as seguintes fases e documentos, conforme requisitos previstos no Código Civil e subsidiariamente pela Lei das S.A., conforme detalhado na seção 1.3:

(i) Fase preparatória – os administradores da Genova e Fallsview negociaram os termos e condições da incorporação, mediante celebração, em 23 de dezembro de 2010, do Protocolo e Justificação da Incorporação ("Protocolo e Justificação da Genova"), regido nos termos do Código Civil e subsidiariamente pela Lei das S.A. e compatível com as leis das Ilhas Cayman.

(ii) Fase de aprovação – foram realizados os seguintes eventos societários:

(a) Em 23 e 27 de dezembro de 2010, a Fallsview, como única sócia da Genova, e a Diretoria da Fallsview aprovaram, por meio dos *Written Resolutions of the Shareholder and the Sole Director of Fallsview Enterprises Corp.*, conforme constou expresso nos documentos: (i) a operação; (ii) a ratificação da nomeação da empresa especializada brasileira para preparação do laudo de avaliação do patrimônio líquido da Genova; (iii) a celebração do Protocolo e Justificação da Genova; (iv) o laudo de avaliação do patrimônio líquido da Genova a valor contábil; e (v) a prática pelos administradores da Genova e pela procuradora da Fallsview de todos os atos necessários à implementação e formalização da operação, ficando consignado que a Fallsview outorgou poderes a sua procuradora para receber citação em ações contra esta para fins do art. 119[251] e responder qualquer obrigação da Fallsview no Brasil como sucessora da Genova. Por fim, consignaram que a ata foi assinada em português e inglês para arquivamento na JUCESP e no Registro de Comércio das Ilhas Cayman, respectivamente; e

(b) Em 23 de dezembro de 2010, a Fallsview, como única sócia da Genova, por meio de Reunião de Sócios, aprovou: (i) a operação, em vista da compatibilidade entre as legislações

[251] O art. 119 da Lei das S.A. prevê que "O acionista residente ou domiciliado no exterior deverá manter, no País, representante com poderes para receber citação em ações contra ele, propostas com fundamento nos preceitos desta Lei".

brasileira e das Ilhas Cayman; (ii) a ratificação da nomeação da empresa especializada brasileira que preparou o laudo de avaliação do patrimônio líquido da Genova; (iii) o Protocolo e Justificação da Genova; (iv) o laudo de avaliação do patrimônio líquido da Genova a valor contábil; (v) a prática pelos administradores da Genova e pela procuradora da Fallsview de todos os atos necessários à implementação e formalização da operação; e (vi) que todos os documentos da Genova permanecerão sob guarda e conservação da procuradora da Fallsview.

(iii) Fase de formalização – foram realizados os seguintes atos:

(a) A ata de Reunião de Sócios foi registrada na JUCESP e publicada no Diário Oficial do Estado de São Paulo e respectivo jornal de grande circulação; e

(b) Nos termos da IN 1634/2016 (vide seção 1.3.3), foi solicitado o cancelamento do CNPJ da Genova, porém a Receita Federal indeferiu a solicitação alegando que, embora não haja impedimento na legislação, não seria permitida a sucessão tributária por empresa domiciliada no exterior. Diante da recusa, em 30 de maio de 2017, Fallsview promoveu ação judicial contra a União Federal[252]. O Tribunal Regional Federal da 3ª Região proferiu acórdão desfavorável à Fallsview, desobrigando a Receita Federal a realizar o cancelamento do CNPJ da Genova, sob as seguintes justificativas:

- Fallsview tornar-se-á sucessora das obrigações da Genova e, por apenas manter uma "procuradora" para representar a Fallsview (sem qualquer estabelecimento no Brasil), a Receita Federal não poderia responsabilizá-la por obrigações tributárias devidas pela Genova;
- O Decreto nº 3.000, de 26 de março de 1999, que regulamenta sobre a tributação de imposto de renda, não prevê,

[252] As cópias dos autos do processo nº 00189886320124036100 kordem=DESC&chkMorto=MORTO estão disponíveis em: <https://ww2.stj.jus.br/processo/pesquisa/?termo=0018988-63.2012.4.03.6100&aplicacao=processos.ea&tipoPesquisa=tipoPesquisaGenerica&c>. Acesso em: 5 ago 2018.

entre os contribuintes de imposto de renda (arts. 146[253], 147[254] e 207[255]), sociedades sediadas no exterior que não mantenham estabelecimento no país, não lhes permitindo, como consequência, figurar como sucessoras tributárias por incorporação; e

- A Instrução Normativa RFB nº 1470, de 30 de maio de 2014 (revogada pela atual IN 1634/2016) prevê expressamente que os impedimentos para o cancelamento de CNPJ previstos em seu art. 28[256] não são aplicáveis ao

[253] "Art. 146. São contribuintes do imposto e terão seus lucros apurados de acordo com este Decreto (Decreto-Lei nº 5.844, de 1943, art. 27): I – as pessoas jurídicas (Capítulo I); II – as empresas individuais (Capítulo II)." Receita Federal do Brasil. Decreto nº 3.000, de 26 de março de 1999. Disponível em: <http://www.planalto.gov.br/ccivil_03/Decreto/D3000.htm>. Acesso em: 5 ago. 2018.

[254] "Art. 147. Consideram-se pessoas jurídicas, para efeito do disposto no inciso I do artigo anterior: I – as pessoas jurídicas de direito privado domiciliadas no País, sejam quais forem seus fins, nacionalidade ou participantes no capital; II – as filiais, sucursais, agências ou representações no País das pessoas jurídicas com sede no exterior; III – os comitentes domiciliados no exterior, quanto aos resultados das operações realizadas por seus mandatários ou comissários no País". Receita Federal do Brasil. Decreto nº 3.000, de 26 de março de 1999. Disponível em: <http://www.planalto.gov.br/ccivil_03/Decreto/D3000.htm>. Acesso em: 5 ago. 2018.

[255] "Art. 207. Respondem pelo imposto devido pelas pessoas jurídicas transformadas, extintas ou cindidas: I – a pessoa jurídica resultante da transformação de outra; II – a pessoa jurídica constituída pela fusão de outras, ou em decorrência de cisão de sociedade; III – a pessoa jurídica que incorporar outra ou parcela do patrimônio de sociedade cindida; IV – a pessoa física sócia da pessoa jurídica extinta mediante liquidação, ou seu espólio, que continuar a exploração da atividade social, sob a mesma ou outra razão social, ou sob firma individual; V – os sócios, com poderes de administração, da pessoa jurídica que deixar de funcionar sem proceder à liquidação, ou sem apresentar a declaração de rendimentos no encerramento da liquidação." Receita Federal do Brasil. Decreto nº 3.000, de 26 de março de 1999. Disponível em: <http://www.planalto.gov.br/ccivil_03/Decreto/D3000.htm>. Acesso em: 5 ago. 2018.

[256] "Art. 28. A entidade relacionada no Anexo VI desta Instrução Normativa que estiver com seu QSA desatualizado fica impedida de baixar sua inscrição no CNPJ, tendo em vista o disposto no § 7ºdo art. 27. § 1º O impedimento a que se refere o caput não se aplica à baixa: I - decorrente de incorporação, fusão ou cisão total da entidade, quando a sucessora for entidade domiciliada no Brasil; II – de estabelecimento filial, ficando suas pendências fiscais sob responsabilidade da entidade." Receita Federal do Brasil. Decreto nº 3.000, de 26 de março de 1999. Disponível em: < http://www.planalto.gov.br/ccivil_03/Decreto/D3000.htm>. Acesso em: 5 ago. 2018.

caso de incorporação se as empresas incorporadoras mantiverem domicílio no Brasil.

Após impetrar recursos, inclusive perante STJ, o acórdão foi mantido e o processo foi transitado em julgado em 26 de fevereiro de 2018.

(ii) *Incorporação da Isolux Infrastructure S.A. pela Grupo Isolux Corsán S.A.*

Em 13 de julho de 2012, em Assembleia Geral Extraordinária[257], a única acionista da Isolux Infrastructure S.A., companhia fechada brasileira ("Isolux Infrastructure"), aprovou a sua incorporação pela Grupo Isolux Corsán S.A., companhia fechada espanhola ("GIC").

A Isolux Infrastructure era subsidiária integral da GIC e, no ato da incorporação, tinha como principal ativo a participação, direta ou indiretamente, em sociedades nacionais e estrangeiras que atuam no setor de concessões de rodovias e transmissão de energia[258].

A operação compreendeu as seguintes fases e documentos, conforme requisitos previstos na Lei das S.A., conforme detalhado na seção 1.3:

(i) Fase preparatória – os administradores da Isolux Infrastructure e GIC negociaram os termos e condições da incorporação, mediante celebração, em 30 de junho de 2012, do documento denominado Protocolo e Justificação da Incorporação e *Proyecto Común de Fusión por Absorción*, regido nos termos da Lei das S.A. e da legislação espanhola[259] aplicável ("Protocolo e Justificação da Isolux Infrastructure"). Além do atendimento de todos os requisitos previstos na Lei das S.A., conforme descrito na seção

[257] A cópia da ata da Assembleia Geral Extraordinária da Isolux está disponível em: <https://www.jucesponline.sp.gov.br>. Acesso em: 28 nov. 2017.

[258] As informações constam no Formulário de Referência da Isolux Infrastructure elaborado na época em que a sociedade iniciou o processo de registro de companhia aberta perante a CVM, porém cancelou voluntariamente, disponível em <http://www.cvm.gov.br/>. Acesso em: 11 de junho de 2018.

[259] Conforme descrito no denominado Protocolo e Justificação da Incorporação ou *Proyecto de Fusión por Absorción*, documento preparado nas línguas portuguesa e espanhola, a legislação espanhola aplicável é a Lei nº 3/2009, de 3 de abril, sobre Modificações Estruturais das Sociedades Comerciais. ("Lei Espanhola 3/2009").

1.3.1, o Protocolo e Justificação da Isolux Infrastructure estabeleceu demais disposições exigidas pela lei espanhola, conforme constou expresso no documento, tais quais: (a) a operação constitui uma incorporação transfronteiriça extracomunitária e simplificada, nos termos da lei espanhola; (b) não se estabelece relação de substituição das ações de emissão da Isolux Infrastructure por ações de emissão da GIC, nos termos da lei espanhola[260] (de acordo com a mesma regra da lei espanhola, também não é necessária a preparação de laudos de avaliação da Isolux Infrastructure e GIC, nos termos do art. 264 da Lei das S.A., já que a Isolux Infrastructure possui a GIC como única acionista e, como consequência da operação, a integralidade do patrimônio da Isolux Infrastructure será vertido à GIC, sem resultar em aumento de capital e alteração do patrimônio líquido da GIC); (c) nem os acionistas da Isolux Infrastructure e GIC, nem as ações de emissão de tais sociedades possuem prestações acessórias, portanto a incorporação não acarretará em prestações acessórias; (d) não existem terceiros detentores de outros títulos que não sejam as ações ou quotas de emissão da Isolux Infrastructure e GIC (ex: ações ou participações sociais de classes especiais ou opções); (e) não serão atribuídas vantagens aos administradores da GIC e à empresa especializada que preparou o laudo de avaliação da Isolux Infrastructure; (f) os efeitos contábeis da incorporação cumprirão as normas contábeis espanholas; (g) a operação não gerará impactos a empregados, já que Isolux Infrastructure e GIC não possuem; e (h) indicação sobre o regime fiscal espanhol aplicável na operação.

(ii) Fase de aprovação – a GIC, como única sócia da Isolux Infrastructure, por meio da Assembleia Geral Extraordinária referida acima, aprovou: (a) o Protocolo e Justificação da Isolux Infrastructure; e (b) a prática pelos administradores da Marfrig de todos os atos necessários à implementação e formalização da operação. Os acionistas da GIC também aprovaram a incorporação, por meio de Assembleia Geral, nos termos da lei espanhola,

[260] Conforme artigos 31.2º e 6º da Lei Espanhola 3/2009.

conforme estabelecido no Protocolo e Justificação da Isolux Infrastructure[261].

(iii) Fase de formalização – foram realizados os seguintes atos:

(a) A ata da Assembleia Geral Extraordinária da Isolux Infrastructure foi registrada na JUCESP e publicada Diário Oficial do Estado de São Paulo e respectivo jornal de grande circulação. Adicionalmente, o Registro Mercantil de Madri[262] emitiu ofício para informar à JUCESP que em 25 de setembro de 2012 foi registrada a ata da Assembleia Geral dos acionistas da GIC que aprovaram a incorporação, para que a JUCESP realizasse o registro da extinção da Isolux Infrastructure. A Procuradoria da JUCESP se manifestou em 6 de dezembro de 2012, informando que já havia procedido ao registro da incorporação da Isolux Infrastructure na sua ficha cadastral, sem ressalvas; e

(b) Nos termos da IN 1634/2016, foi solicitado o cancelamento do CNPJ da Isolux Infrastructure, porém a solicitação não foi deferida, conforme constante no comprovante de inscrição e de situação cadastral do seu CNPJ no site da Receita Federal[263].

3.6.3. *Considerações sobre os Casos Práticos*

Com base nos precedentes acima examinados, conclui-se que, entre os casos de incorporações transfronteiriças identificados (i) na maioria, as sociedades brasileiras figuram como incorporadoras e as estrangeiras como incorporadas; (ii) todos envolvem operações intergrupo, entre controladas e controladoras; e (iii) as sociedades incorporadas (brasi-

[261] A cópia da ata da Assembleia Geral dos acionistas da GIC não foi disponibilizada pela Isolux Infrastructure à JUCESP.

[262] Conforme indicado no ofício, este foi enviado à JUCESP em atendimento às leis comunitária e espanhola relativas a incorporação transfronteiriça (artigo 13º da Diretiva 2005/56//CE do Parlamento Europeu e do Conselho de 26 de outubro de 2005, relativa às fusões e incorporações transfronteiriças das sociedades de capital e artigo 66.3 da Lei Espanhola 3/2009. As cópias do ofício e manifestação da JUCESP estão disponíveis em: <https://www.jucesponline.sp.gov.br>. Acesso em: 28 de no. de 2017.

[263] O Comprovante de Inscrição d de Situação Cadastral do CNPJ da Isolux Infrastructure está disponível em: <http://www.receita.fazenda.gov.br/PessoaJuridica/CNPJ/cnpjreva/Cnpjreva_Solicitacao.asp>. Acesso em: 5 de ago de 2018.

leiras e estrangeiras, conforme o caso) eram sociedades não-operacionais que, no ato da incorporação, tinham como principal ativo a participação em sociedades que atuam no mesmo segmento (holding).

Verifica-se, também, que as operações foram implementadas em todos os casos, independentemente do papel desempenhado pelas sociedades brasileiras (i.e. como incorporadoras ou incorporadas) da seguinte forma: (i) mediante formalização de atos societários preparados e aprovados nos termos da Lei das S.A. e das leis aplicáveis dos países de origem das respectivas sociedades estrangeiras envolvidas nas operações para ter efeitos no Brasil e nos respectivos países, respectivamente; e (ii) os procedimentos para implementação das operações foram executados com base nas três clássicas fases previstas na legislação societária brasileira (conforme detalhado na seção 1.3), quais sejam: (i) fase preparatória: celebração do protocolo e justificação da incorporação estabelecendo os termos e condições da operação; (ii) fase de aprovação: aprovação do protocolo e justificação e da operação pelos órgãos sociais das incorporadas e incorporadoras[264]; e (iii) fase de formalização: arquivamento e publicação dos atos societários da operação.

Como obrigação adicional em comparação à hipótese de sociedade estrangeira incorporada por brasileira, ressalta-se que em caso em que a sociedade estrangeira incorpora a brasileira, em consequência da extinção desta, além das medidas acima tomadas na fase de formalização, para atendimento da IN 1634/2016, seu CNPJ deve ser cancelado (bem como outras inscrições que esta tenha perante outros órgãos no Brasil). Porém, nos dois casos práticos expostos na seção 3.6.2, verifica-se que a Receita Federal, suportada por recente decisão jurisprudencial, vem se recusando a proceder ao cancelamento de CNPJ de sociedades brasileiras incorporadas por estrangeiras que não mantenham estabelecimento no país, por entender que teria dificuldade em responsabilizar a incorporadora estrangeira como sucessora, por obrigações tributárias da brasileira incorporada. Considerando sua posição fiscalista e arrecadatória, sem basear-se na legalidade do ato societário, vale criticar tal medida da Receita Federal ao impossibilitar o operador do direito de atuar sem ferramentas legais para converter tal ato.

[264] Exceto pela operação envolvendo a Vale S.A., em que não foi possível verificar atos societários das incorporadas, conforme mencionado na seção (iv).

Por outro lado, fazendo-se um contraponto com as considerações levantadas, principalmente, pela corrente da doutrina desfavorável à operação exposta na seção 3.5.2, conclui-se que não existem ainda precedentes de incorporações transfronteiriças com participação de sociedades brasileiras em que (i) a incorporada seja estrangeira operacional com ativos e atividades no exterior e, como consequência de sua incorporação por brasileira, a brasileira passará a ter uma filial brasileira no exterior; e (ii) a incorporada seja brasileira operacional com ativos e atividades no Brasil e, como consequência de sua incorporação por estrangeira, a estrangeira passará a ter uma filial estrangeira no Brasil.

Depreende-se disso que os procedimentos e limitações ressaltados principalmente por Eizirik que dificultariam, de forma operacional, ou impediriam, por força de lei, a incorporação transfronteiriça de uma sociedade brasileira por estrangeira, principalmente por desempenharem as atividades descritas na seção 3.5.2 acima, não foram aplicáveis aos precedentes. Afinal, Eizirik explorou impeditivos legais, regulatórias e operacionais que devem ser observados em casos em que sociedades brasileiras operacionais, inclusive que atuam em setores regulados, como consequência de incorporação por estrangeiras, sejam convertidas em filiais de tais estrangeiras no Brasil.

Não obstante, importante destacar que, com relação à problemática levantada por Tôrres de que o ordenamento jurídico brasileiro não regula a operação de incorporação transfronteiriça e, portanto, não estabelece a legislação aplicável que deve reger a operação, nas hipóteses em que a brasileira seja incorporada ou incorporadora, na prática, as sociedades envolvidas resolveram a questão ao implementar as operações, por meio da preparação e aprovação de documentos societários, bem como do cumprimento das formalidades que atendessem os requisitos previstos na legislação societária brasileira e da lei do respectivo país de origem da sociedade estrangeira. Embora os procedimentos adotados não sejam previstos em disciplina interna própria, as operações foram implementadas, dado que não houve qualquer oposição da CVM com relação às incorporações envolvendo companhias abertas, nem das Juntas Comerciais competentes acima citadas quanto ao arquivamento dos respectivos atos societários.

4. Incorporação Transfronteiriça no Direito Comparado

Como se pode notar, as operações examinadas na seção 3.6. envolvem, na maioria, a participação de sociedades estrangeiras de origem dos Estados Unidos e de países da União Europeia.

Assim, o presente Capítulo tem como objetivo fazer uma breve análise do tratamento dado pelo ordenamento jurídico de tais países às operações de incorporação transfronteiriça envolvendo sociedades sujeitas às suas legislações para avaliar a forma como esse instituto é regulamentado, visando-se traçar um paralelo com o ordenamento brasileiro, em vista da omissão do seu tema na legislação nacional.

Além de estarem presentes nos precedentes estudados nesse trabalho, o exame dos sistemas jurídicos da União Europeia e dos Estados Unidos são relevantes por serem considerados na doutrina estrangeira como "modelos normativos"[265-266] em matéria de incorporação transfronteiriça, especialmente, (i) a Diretiva 2005/56/CE, no direito comunitário europeu; e (ii) DGCL e MBCL, no direito norte-americano, conforme a seguir exposto:

265 Osorio, op. cit., p. 5.

266 Frade, Antonio D. Tapia. ***La fusión transfronteriza de sociedades anónimas.*** 2017. Dissertação de Doutorado da Faculdade de Direito da Universidad Complutense de Madri. Madri, Espanha. p. 174.

4.1. Direito Comunitário Europeu

Após um longo processo na tentativa de compatibilizar[267] os sistemas jurídicos dos países integrantes da União Europeia quanto às *fusões transfronteiriças* durante décadas, em 2005, foi editada a Diretiva 2005/56/CE que regula incorporações entre ao menos duas sociedades de capital[268] (que incluem as sociedades por ações e limitadas) regidas por diferentes legislações dos países integrantes da União Europeia[269] com suas sedes (ou principais estabelecimentos) em país da Comunidade Europeia.

Importante esclarecer que, no direito comunitário, "diretiva"[270] é um ato legislativo que estabelece normas gerais a serem observadas pelos países membros da União Europeia, de forma que, com base em tais diretivas, cada país membro deve editar, a seu critério, sua própria legislação, com a incorporação de tais normas ao seu ordenamento. Conforme ensina Marcelo Mardones Osorio[271]:

> As "diretivas" têm como objeto estabelecer um acervo normativo comum nos diversos Estados da União (equivalência material) que respeite as particularidades de cada Estado. Para tal fim, as diretivas impõem verdadeiras obrigações de resultado cujo cumprimento se materializa por meio da denominada "transposição" ou implantação da diretiva no respectivo Direito interno. Esta harmonização busca potenciar a criação do mercado interior e ao mesmo tempo, de acordo com uma posição extensiva, evitar a aparição

[267] Botelho, Maria de Deus Maio Madalena. **Fusões Transfronteiriças. As origens da Directriz 2005/56/CE e o novo processo de fusão simplificado.** 2010. 52 f. Dissertação de Mestrado em Direito da Empresa e dos Negócios – Universidade Católica Portuguesa, Porto. p. 23.

[268] "Sociedades de capital" são definidas no artigo 1 da Diretiva 2009/101/CE do Parlamento Europeu e do Conselho de 16 de setembro de 2009 e englobam as sociedades por ações, bem como qualquer outra sociedade com capital social que possua personalidade jurídica, um patrimônio separado que responda por suas próprias obrigações e sujeita a sua legislação local a condições de garantias, tais como previstas pela referida Diretiva para proteger os interesses de sócios e terceiros. Frade, op. cit., p. 177.

[269] Cf. art. 1º da Diretiva 2005/56/CE (ver seção 0). União Europeia. Diretiva 2005/56/ /CE, de 26 de outubro de 2005. Disponível em: <http://eur-lex.europa.eu/legal-content/PT/TXT/PDF/?uri=CELEX:32005L0056&from=PT>. Acesso em: 29 nov. 2017.

[270] Conforme explicação do site oficial da União Europeia, disponível em: <https://europa.eu/european-union/eu-law/legal-acts_pt>. Acesso em: 29 nov. 2017.

[271] Osorio, op. cit., p. p. 50. (tradução nossa)

de uma competência regulatória entre os ordenamentos europeus ("efecto Delaware").

A Diretiva 2005/56/CE estabelece que os procedimentos gerais das *fusões transfronteiriças* devem ocorrer no clássico esquema de três fases[272]: (i) fase preparatória, cujo elemento essencial é a elaboração do "projeto comum" [273] de incorporação transfronteiriça; (ii) fase de aprovação, correspondente à aprovação da operação por meio de assembleias gerais de acionistas; e (iii) fase de formalização, correspondente aos registros perante os órgãos e autoridades públicas e formalização dos atos.

Não obstante[274], prevê procedimentos simplificados especiais nas hipóteses de *fusões transfronteiriças* em que (i) a incorporada é subsidiária integral da incorporadora e (ii) a incorporadora detém participação de 90% no capital social da incorporada.

Nos termos da Diretiva 2005/56/CE, salvo disposição em contrário, (i) as *fusões transfronteiriças* apenas poderão ocorrer entre sociedades sujeitas às legislações de países membros da União Europeia, desde que as legislações locais de seus países de origem permitam a operação; e (ii) as sociedades que participem das *fusões transfronteiriças* devem atender às disposições e formalidades da legislação nacional dos seus países de origem a que estão sujeitas.

Assim, os países membros tiveram que incorporar as disposições gerais relativas a *fusões transfronteiriças* aos seus ordenamentos jurídicos (no caso da Diretiva 2005/56/CE, até dezembro de 2007[275]), sendo a eles facultado prever disposições específicas e mais detalhadas para assegurar proteção a sócios minoritários que se oponham à operação, entre outros. Da mesma forma, a Diretiva 2005/56/CE foi omissa quanto

[272] Osorio, op. cit., p. 177

[273] Ressalvadas as disposições especificas de cada legislação, o "projeto comum" da incorporação seria um documento equivalente ao protocolo e justificação de incorporação no direito brasileiro.

[274] Osorio, op. cit., p. 95 e 96.

[275] Conforme art. 19º da Diretiva 2005/56/CE "Os Estados-Membros devem pôr em vigor as disposições legislativas, regulamentares e administrativas necessárias para darem cumprimento à presente directiva até 15 de Dezembro de 2007" União Europeia. Diretiva 2005/56/CE, de 26 de outubro de 2005. Disponível em: <https://eur-lex.europa.eu/legal-content/ES/TXT/PDF/?uri=CELEX:32005L0056&qid=1528810287047&from=PT>. Acesso em: 12 junho 2018.

às incorporações transfronteiriças envolvendo sociedades estrangeiras não pertencentes à União Europeia, de forma que coube a cada país regular sobre a possibilidade de *fusões transfronteiriças* envolvendo apenas sociedades oriundas de países integrantes da União Europeia (denominada *fusão transfronteriça intracomunitária* na legislação espanhola[276]) e sociedades estrangeiras, conforme alguns exemplos mencionados a seguir:

(i) *Espanha*

Conforme lei mencionada na seção 3.6 que descreve a incorporação da sociedade brasileira Isolux Infrastructure S.A. pela sociedade espanhola Grupo Isolux Corsán S.A., a Lei Espanhola 3/2009[277] regulou (i) a *fusão transfronteiriça intracomunitária*, com a incorporação ao ordenamento espanhol da Diretiva 2005/56/CE, bem como (ii) as incorporações tranfronteiriças envolvendo sociedades de países estrangeiros não integrantes da União Europeia. Com relação ao tema, a Lei Espanhola 3/2009 estabelece que a operação de incorporação transfronteiriça envolvendo sociedades de nacionalidades distintas (como incorporadoras ou incorporadas) será regida pelas respectivas legislações nacionais dos países de origem das sociedades envolvidas[278].

(ii) *Portugal*

O Código das Sociedades Comerciais[279] regulou apenas a *fusão transfronteiriça intracomunitária*, com a incorporação ao ordenamento espa-

[276] Cf. referido no Título II, Capítulo II da Lei Espanhola 3/2009. ESPANHA. Lei nº 3/2009, de 3 de abril de 2009. Jefatura del estado. Madri, 3 abr. 2009. Disponível em: <https://www.boe.es/buscar/act.php?id=BOE-A-2009-5614>. Acesso em: 12 junho 2018.

[277] ESPANHA. Lei nº 3/2009, de 3 de abril de 2009. Jefatura del estado. Madri, 3 abr. 2009. Disponível em: <https://www.boe.es/buscar/act.php?id=BOE-A-2009-5614>. Acesso em: 12 junho 2018.

[278] O artigo 27, inciso 2 da Lei Espanhola 3/2009 estabelece que "A fusão [que engloba a operação de incorporação] de sociedades mercantis de sistina nacionalidade se regerá pelo estabelecido nas respectivas leis pessoais, sem prejuízo do estabelecido no Capítulo II sobre *fusiones transfronteiriças intracomunitarias* e, em seu caso, do regime aplicável às sociedades anónimas europeias." (tradução nossa) ESPANHA. Lei nº 3/2009, de 3 de abril de 2009. Jefatura del estado. Madri, 3 abr. 2009. Disponível em: <https://www.boe.es/buscar/act.php?id=BOE-A-2009-5614>. Acesso em: 12 junho 2018.

[279] O Código das Sociedades Comerciais português foi aprovado pelo Decreto-Lei nº 262/86 de 2 de setembro, conforme alterado. PORTUGAL. Decreto-Lei nº 262/86 de 2 de setem-

nhol da Diretiva 2005/56/CE, sem contemplar o âmbito de aplicação da incorporação envolvendo sociedades de países estrangeiros. Não obstante, a doutrina portuguesa[280] entende que a operação é possível, com no disposto no Código Civil[281] português que prevê que incorporação entre sociedades regidas por legislações de países diferentes é sujeita à aplicação das respectivas leis locais[282].

4.2. Direito norte-americano

Nos Estados Unidos, a análise tem como enfoque o estudo do DGCL e MBCL, os quais tratam de incorporação transfronteiriça entre sociedades por ações.

O DGCL[283], que regula a legislação societária no Estado de Delaware, permite a incorporação transfronteiriça desde 1935[284]. Já o MBCL[285] corresponde a um modelo de consolidação de normas societárias preparado pelo Comitê de Leis Societárias da Seção de Direito Empresarial da Ordem dos Advogados Norte-Americano e desde sua primeira edição,

bro de 1986. Presidência da República. Lisboa, 2 set. 1986. Disponível em: <https://dre.pt/web/guest/legislacao-consolidada/-/lc/67625876/201511201656/exportPdf/maximized/1/cacheLevelPage?p_auth=nRc2dqPu&rp=indice>. Acesso em: 12 jun. 2018.

280 DITTRICH, Pedro Marcelo. **Fusão e Cisão de Sociedades (Portugal)**. In: COELHO, Fábio Ulhoa; RIBEIRO, Fátima de Maria. **Questões de Direito Societário em Portugal e no Brasil**. Coimbra: Almedina, 2012. p. 605.

281 O Código Civil português foi aprovado pelo Decreto-Lei nº 47344/66, de 25 de novembro, conforme alterado. PORTUGAL. Decreto-Lei nº 47344/66 de 25 de novembro de 1966. Presidência da República. Lisboa, 25 nov. 1966. PORTUGAL. Decreto-Lei nº 262/86 de 2 de setembro de 1986. Presidência da República. Lisboa, 2 set. 1986. Disponível em: <https://dre.pt/web/guest/legislacao-consolidada/-/lc/67625876/201511201656/exportPdf/maximized/1/cacheLevelPage?p_auth=nRc2dqPu&rp=indice>. Acesso em: 12 jun. 2018.

282 O artigo 33º, nº 4 do Código Civil português estabelece que *"A fusão de entidades com lei pessoal diferente é apreciada em face de ambas as leis pessoais."* PORTUGAL. Decreto-Lei nº 262/86 de 2 de setembro de 1986. Presidência da República. Lisboa, 2 set. 1986. Disponível em: <https://dre.pt/web/guest/legislacao-consolidada/-/lc/67625876/201511201656/exportPdf/maximized/1/cacheLevelPage?p_auth=nRc2dqPu&rp=indice>. Acesso em: 12 jun. 2018.

283 DELAWARE. Delaware General Corporation Law. [19-]. Disponível em: <http://delcode.delaware.gov/title8/c001/>. Acesso em: 5 dez. 2017.

284 OSORIO, op. cit., p. 137.

285 AMERICAN BAR ASSOCIATION. Model Business Corporation Act. [1950]. Disponível em: <http://www.americanbar.org/content/dam/aba/administrative/business_law/corplaws/model-bus-corp-laws-w-o-comments-2010.doc>. Acesso em: 30 nov. 2017.

em 1950[286], também já tratava de incorporação transfronteiriça envolvendo sociedades por ações em termos similares ao DGCL.

A incorporação transfronteiriça[287] é tratada por tais modelos norte-americanos de acordo com as seguintes características:

(i) Tanto o DGLC[288], quanto o MBCL[289] permitem que ocorra a incorporação transfronteiriça entre uma ou mais sociedades por ações constituídas no Estado americano correspondente (no caso da DGCL, especificamente em Delaware) e uma ou mais sociedades por ações sujeitas a outras jurisdições, exceto se a legislação de jurisdição da sociedade estrangeira proíba a operação;

(ii) O DGLC limita a participação de sociedades por ações em incorporação com sociedades estrangeiras. Já o MBCL é mais amplo e permite a participação de outros tipos societários;

(iii) Em linhas gerais, a incorporação transfronteiriça gera efeitos típicos da operação, sujeitos a procedimentos e formalidades que devem ser implementados de acordo com as regras estabelecidas nas leis aplicáveis das sociedades envolvidas na operação, em 3 fases[290], quais sejam: fase preparatória prévia, fase de aprovação e fase de formalização; e

[286] Osorio, op. cit., p. 119.

[287] Osorio, op. cit., p. p. 99 a 142.

[288] O §252(a) da DGCL prevê que "Qualquer uma ou mais companhias deste Estado [do Delaware] pode incorporar [...] com uma ou mais companhias estrangeiras, exceto se as leis da jurisdição ou jurisdições sob as quais tais companhias estrangeiras estejam organizadas proíbam tal incorporação [...]. As companhias 'constituintes' podem incorporar-se a uma única companhia 'sobrevivente', que pode ser qualquer de 1 das companhias 'constituintes', nos termos de um acordo de incorporação (*agreement of merger*) [...] e aprovado de acordo com esta seção." (tradução nossa). Delaware. Delaware General Corporation Law. [19-]. Disponível em: <http://delcode.delaware.gov/title8/c001/>. Acesso em: 5 dez. 2017.

[289] O §11.02(a) da MBCL prevê que "Uma ou mais companhias nacionais (*domestic business corporations*) podem incorporar uma ou mais companhias nacionais (*domestic business corporations*) ou estrangeiras (*foreign business corporations*) ou entidades elegíveis (*eligible entities*) de acordo com um plano de incorporação (*plan of merger*) [...] da forma prevista neste capítulo." (tradução nossa). American Bar Association. Model Business Corporation Act. [1950]. Disponível em: <http://www.americanbar.org/content/dam/aba/administrative/business_law/corplaws/model-bus-corp-laws-w-o-comments-2010.doc>. Acesso em: 30 nov. 2017.

[290] Ressalvadas as especificações de cada legislação, no direito norte-americano, o documento equivalente ao "projeto comum" da incorporação previsto na Diretiva 2005/56/CE é denominado *agreement of merger* na DGCL e *plan of merger* no MBCA.

(iv) O DGCL[291] estabelece procedimentos simplificados especiais nas hipóteses de incorporações transfronteiriças em que (a) a incorporada é subsidiária integral da incorporadora e (b) a incorporadora detém participação de 90% no capital social da incorporada, em casos em que qualquer das sociedades seja estrangeira.

4.3. Análise do Direito Comparado

Em vista da análise das legislações europeia e norte-americana acima referidas, conclui-se que existem diversos aspectos comuns de tais modelos normativos entre si relativos à matéria de incorporação transfronteiriça, entre os quais, destaca-se que:

(i) em linhas gerais, o reconhecimento da incorporação transfronteiriça apenas é viável, desde que haja observação dos dispositivos das legislações nacionais aplicáveis com relação à matéria;

(ii) a estrutura da operação deve ser realizada nas clássicas três etapas (fase preparatória, fase de aprovação e fase de formalização), conforme demonstrado nos casos práticos ocorridos no Brasil, descritos na seção 3.6; e

(iii) são estabelecidos procedimentos simplificados especiais nas hipóteses de incorporações transfronteiriça intergrupo (com incorporação de controlada com capital detido em 100% a 90% pela controladora).

[291] Osorio, op. cit., p. p. 101, em referência ao §253(e) da DGCL.

Conclusão

O instituto da incorporação tem sido utilizado de forma recorrente no Brasil entre sociedades brasileiras. Da mesma forma, foram implementadas diversas operações de incorporações transfronteiriças envolvendo a participação de sociedades brasileiras, na qualidade de incorporada ou incorporadora, e estrangeiras.

Conclui-se, assim, que é possível que sociedades brasileiras participem de incorporação transfronteiriça (como incorporadoras ou incorporadas). Não obstante, nota-se que o ordenamento jurídico brasileiro carece de disposições legais que aludam expressamente sobre a forma para implementar a referida operação, com a incorporação de dispositivos legais no direito societário, nomeadamente na Lei das S.A. e no Código Civil, que regem as incorporações envolvendo sociedades por ações e sociedades de demais tipos sociais, respectivamente, e no direito internacional privado, no que concerne a definição de lei aplicável, considerando que o mercado brasileiro saiu de antemão e desde os anos 2000 vêm realizando, na prática, operações desse tipo.

Além de o ordenamento jurídico brasileiro ser omisso, verifica-se, infelizmente, discreta discussão do tema na literatura jurídica brasileira. Entre os poucos doutrinadores que debateram sobre o assunto, grande parte corresponde a especialistas da área tributária, de modo que seus estudos sobre incorporações transfronteiriças exploram, principalmente, os aspectos tributários aplicáveis na operação.

Entre os juristas da área societária, a discussão é ainda mais escassa. Como representante, foi apresentado para o presente estudo um parecer do renomado professor Nelson Eizirik.

Verifica-se que há aspectos diferentes e relevantes a serem abordados a depender do papel desempenhado pela sociedade brasileira na operação (como incorporadora ou incorporada) e as atividades realizadas, principalmente, pela incorporada brasileira ou estrangeira (operacional ou *holding*), em vista das medidas legais protecionistas que restringem a atuação de sociedades estrangeiras no Brasil. No entanto, grande parte dos doutrinadores mencionados no trabalho optaram por se ater à discussão teórica sobre a possibilidade ou não de sociedades brasileiras participarem de operações de incorporação transfronteiriça com estrangeiras, com breve análise sob a perspectiva do direito internacional privado e do direito societário (além do tributário).

Como exceção, Eizirik fez a análise de um caso prático particular envolvendo a incorporação transfronteiriça de sociedades brasileiras, que exercem atividades devidamente reguladas pelo Bacen e demais órgãos reguladores brasileiros, por instituição financeira estrangeira. A discussão sobre o caso pelo professor teve como panorama principal a exposição dos procedimentos e autorizações dos órgãos reguladores aos quais as brasileiras incorporadas estariam sujeitas, sem que o tema da incorporação transfronteiriça fosse abordado de forma conceitual, com o exame de todos os aspectos jurídicos atinentes, principalmente sob a perspectiva do direito societário. Nesse viés, há de se concordar com o posicionamento de Eizirik de que é necessário fazer análise de cada caso para verificar se tais medidas protecionistas, consagradas pela Constituição e normas infraconstitucionais que têm como propósito proteger setores estratégicos de interesse do Governo e assegurar a atuação de controle do BACEN em relação ao ingresso e remessa de recursos do Brasil, impactam a operação. Porém, importante notar que tais questões podem afetar também outros eventos societários que envolvam a participação de estrangeiros na atuação de tais atividades, não sendo exclusivamente atinentes a tal operação. Ou seja, claramente, são restrições que circundam as operações envolvendo incorporação transfronteiriça, mas não correspondem ao cerne do tema.

Assim, as opiniões dos juristas foram expostas, de acordo com os que se posicionam favorável ou contrariamente às hipóteses de operações de incorporação transfronteiriça, levantando importantes questões que devem ser bem mapeadas e debatidas para realização de mudanças na legislação brasileira para sua regulamentação.

Uma parte dos juristas entende pela viabilidade jurídica das incorporações transfronteiriças nas hipóteses em que sociedades brasileiras sejam incorporadoras de ou incorporadas por estrangeiras, sob principal argumento, em matéria societária, da aplicação do princípio da legalidade no direito privado de que, como as legislações societárias aplicáveis não vedam expressamente a participação de sociedades estrangeiras na incorporação, nem fazem exigência expressa sobre a nacionalidade das sociedades envolvidas, a operação é permitida. Em complemento, a operação foi justificada (i) no direito internacional privado, embora haja críticas com relação à aplicabilidade da LINDB para definição da lei aplicável na operação e Princípio da Autonomia da Vontade; e (ii) em matéria tributária, com o reconhecimento expresso de incorporação transfronteiriça em norma (IN nº 1520/2014). Favoravelmente à possibilidade de participação de sociedades estrangeiras na incorporação com sociedades brasileiras, caberia complementar sua análise pelos princípios da Legalidade, Isonomia, Liberdade de Associação e de Iniciativa.

Ressalta-se também que, ainda que favoráveis à possibilidade das operações, nenhum dos autores discutiu a forma como poderiam ser formalmente implementadas.

Diferentemente, um dos juristas (Tôrres) se posicionou contrariamente à possibilidade de que sociedades brasileiras sejam incorporadoras de ou incorporadas por estrangeiras, em razão da falta de regulação no Brasil que reconheça juridicamente a operação e da ausência de regime jurídico para estabelecer a lei aplicável e os procedimentos para sua realização.

Ainda na posição adversa, Eizirik destacou muito bem diversas dificuldades para implementação específica da hipótese de incorporação transfronteiriça de uma sociedade operacional brasileira por estrangeira que acarrete na formação de filial de sociedade estrangeira no Brasil, em vista da imposição de diversos impedimentos e restrições legais e operacionais que inviabilizam a operação, dependendo da estrutura e setor de atuação das sociedades brasileiras, quais sejam: (a) obrigatoriedade de quórum unânime dos acionistas para a aprovação da incorporação transfronteiriça de sociedade brasileira por estrangeira (o que gera dificuldade para sociedades com capital disperso – com grande número de acionistas minoritários – principalmente no caso de companhias abertas); (b) dificuldades operacionais (em razão dos requisitos impostos pela regulamentação cambial brasileira) e impossibilidade de obrigar os acionistas minoritários a, voluntariamente, formalizar a troca de participação societária na incorporadora estrangeira perante o BACEN; (c) sujeição à prévia autorização do Poder Executivo, de forma discricionária, para funcionamento da filial da incorporadora estrangeira no Brasil; e (d) restrições ou impedimentos para atuação da filial em determinados setores e atividades da economia brasileira, por serem regulados ou exigirem autorização do Governo para funcionamento.

Por outro lado, ainda que haja inúmeros fatores que dificultem ou impossibilitam a incorporação transfronteiriça de sociedades brasileiras por estrangeiras e vice-versa, existem importantes precedentes de incorporações transfronteiriças implementados envolvendo (i) sociedades por ações brasileiras de capital aberto, como incorporadoras, e estrangeiras regidas pelas leis do Canadá, do Estado de Delaware, da Espanha e das Ilhas Virgens Britânicas, como incorporadas; e (ii) sociedades estrangeiras regidas pelas leis das Ilhas Cayman e da Espanha, como incorporadoras, e sociedades por ações brasileiras de capital fechado, como incorporadas.

Com base nos documentos societários, verifica-se que as operações analisadas foram formalizadas por meio das três fases previstas na legislação societária brasileira (preparatória, de aprovação e de formalização) – ou seja, seguindo a estrutura de incorporação entre sociedades brasileiras – com aplicação das legislações dos respectivos países de origem das sociedades estrangeiras envolvidas. Adicionalmente, possuem as seguintes características: (i) em grande parte, as sociedades brasileiras figuram como incorporadoras e as estrangeiras como incorporadas; (ii) tratam-se de incorporações transfronteiriças envolvendo sociedades controladas por suas controladoras; (iii) as sociedades incorporadas eram controladas não operacionais e detinham como principal ativo a participação em outras sociedades; e (iv) na maioria, as controladas são sociedades estrangeiras e as controladoras são companhias abertas brasileiras.

Com relação às operações selecionadas em que as sociedades brasileiras figuraram como incorporadoras, importante ressaltar que tais sociedades são de capital aberto e, portanto, sujeitas à autorização e fiscalização da CVM, principalmente quanto à análise do atendimento ou dispensa dos requisitos exigidos no art. 264 da Lei das S.A.

Nesse sentido, verifica-se que não houve qualquer manifestação ou questionamento da CVM com relação às operações de incorporação transfronteiriça em si. No mesmo sentido, as respectivas Juntas Comerciais dos Estados as quais eram competentes para registrar os atos societários das operações deferiram o registro em todos os casos, tendo se manifestado expressamente, inclusive, em um deles, que não há impedimento na legislação brasileira que inviabilize o registro da operação.

Por outro lado, com relação às operações analisadas em que as sociedades brasileiras figuram como incorporadas, a Receita Federal, de forma discricionária e sem embasamento legal, indeferiu o cancelamento dos CNPJs das brasileiras incorporadas em ambos os casos práticos apresentados, sob o argumento de que, ainda que não haja impedimento na legislação brasileira, não seria possível a sucessão tributária pela incorporadora estrangeira que não mantivesse estabelecimento no Brasil, conforme posicionamento jurisprudencial recente.

Por fim, foi exposta uma breve análise do tratamento legal aplicado pelos direitos comunitário europeu e norte-americano ao instituto da incorporação transfronteiriça, os quais alcançaram, em diversos aspectos, resultados normativos similares na matéria. Os referidos modelos normativos estabelecem, como regra, que apenas é possível o reconhecimento da incorporação transfronteiriça em que sociedades sujeitas a tais legislações participem como incorporadoras ou incorporadas, desde que observadas as regras das legislações locais aplicáveis com relação à matéria. Ou seja, a referida operação por tais sistemas é juridicamente factível, desde que as legislações nacionais (i) não expressamente proíbam a operação ou (ii) contenham a previsão sobre a operação em seu ordenamento jurídico.

Considerando tais modelos como base, embora o ordenamento jurídico brasileiro não proíba expressamente a realização de incorporação transfronteiriça com a atuação das sociedades brasileiras como incorporadoras ou incorporadas (como em outras operações societárias, por ex: incorporação de ações de sociedade brasileira, mencionado na seção 2.2.1.2(i)), tampouco regula a operação, estabelecendo regras quanto à lei aplicável, procedimentos e formalidades necessárias para sua implementação.

Portanto, conclui-se que é factível a operação de incorporação transfronteiriça, principalmente com precedentes que foram efetivamente implementados, sem questionamentos dos órgãos competentes (exceto pela Receita Federal, conforme explicado anteriormente), sendo necessário regulamentar sobre a participação de sociedades brasileiras, como incorporadoras ou incorporadas, em operações de incorporação transfronteiriça nas leis brasileiras correspondentes (Lei das S.A. e Código Civil), prevendo (i) a permissão expressa de participação de sociedade estrangeira na incorporação; e (ii) a forma de instrumentar a operação, com análise dos eventuais procedimentos, aprovações e formalidades, desde que atendidos as disposições das leis nacionais dos países de origem das sociedades envolvidas quanto à operação, como previsto na legislação espanhola e norte-americana, como referências de modelo. Inclusive, vale analisar a eventual previsão legal de procedimento simplificado em caso de incorporação entre controladora por controlada (e vice-versa), em que a controladora (brasileira ou estrangeira, conforme o caso) seja acionista ou sócia detentora de 90% a 100% da controlada (brasileira ou estrangeira, conforme o caso), hipótese essa que se apresentou em todos precedentes de incorporação transfronteiriça analisados.

Nesse contexto, ressalta-se a importância no aprofundamento da doutrina quanto aos aspectos da operação e, nesse caso, definição de lei aplicável e dos requisitos necessários para sua implementação, com eventual revisão de entraves operacionais, respeitados os impedimentos legais e restrições quanto à atuação de sociedades estrangeiras no Brasil. Notório se faz, principalmente, o exame dos diferentes aspectos e efeitos a serem considerados nas diversas hipóteses de incorporação de sociedade brasileira (i) operacional com ativos e atividades no Brasil por estrangeira que acarrete na conversão em filial de estrangeira; e (ii) não-operacional cujo ativo seja a participação em subsidiária (holding) que acarrete na sua extinção e mudança do controle direto das subsidiárias.

Afinal, com base nos precedentes analisados, existe uma evidente demanda de mercado para tornar as operações em que as sociedades brasileiras sejam incorporadoras de ou incorporadas por estrangeiras alternativas viáveis no âmbito de operações de fusões e aquisições, inclusive entre sociedades de diferentes nacionalidades do mesmo grupo, como se verifica nos casos práticos examinados no presente trabalho, em face das diversas vantagens econômico-financeiras e operacionais decorrentes da operação.

Tal regulamentação geraria segurança jurídica às sociedades envolvidas, além de permitir maior integração econômica de sociedades brasileiras com a comunidade internacional, no contexto do capitalismo moderno.

REFERÊNCIAS

ALVES, Alexandre Ferreira Assumpção; ROCHA, Raphael Vieira da Fonseca. **Nacionalidade da Sociedade e Lei Aplicável**. Revista Brasileira de Direito Internacional. Minas Gerais: vl, nº 2, 2015.

ARAUJO, Nadia de. **Direito internacional privado: teoria e prática brasileira**. 4ª ed. Rio de Janeiro: Renovar, 2008.

BARBOSA, Denis Borges. **A noção jurídica de 'empresa brasileira' após as Emendas Constitucionais de 1995**. 1996. Disponível em: <http://denisbarbosa.addr.com/paginas/200/constitucional.html>. Acesso em: 27 jan. 2019.

BARBOSA, Denis Borges. **Ensaios e Estudos de Propriedade Intelectual 2014-2015**. Vol. III. 1ª. ed. Rio de Janeiro: Instituto Brasileiro da Propriedade Intelectual, 2015. v. III.

BARAKAT, Lívia Lopes *et al.* **Ranking FDC das Multinacionais Brasileiras 2016**. 2016. 11 ed. FDC. Disponível em: <http://acervo.ci.fdc.org.br/AcervoDigital/Relat%C3%B3rios%20de%20Pesquisa/Relat%C3%B3rios%20de%20Pesquisa%202016/Ranking_FDC_Multinacionais_Brasileiras_2016%20(3).pdf>. Acesso em: 29 nov. 2017.

BEBCHUK, Lucian. **The Case for Increasing Shareholder Power**. Massachusetts, California: The Harvard John M. Olin Discussion Paper Series, 2004. Disponível em: <http://www.law.harvard.edu/programs/olin_center/papers/pdf/Bebchuk_500.pdf >. Acesso em: 30 nov. 2017.

BIFANO, Elidie Palma. **Reorganização Internacional de Empresas e o Planejamento Tributário**. In: SANTI, Eurico Marcos Diniz de; MOSQUERA, Roberto Quiroga; ZILVETI, Fernando Aurelio. **Tributação Internacional**. São Paulo: Saraiva, 2007.

BOGGIANO, Antonio. **Curso de Derecho Internacional Privado. Derecho de las Relaciones Privadas Internacionales.** 2 ed. Buenos Aires: Abeldo-Perrot, 2000.

BOTELHO, Maria de Deus Maio Madalena. **Fusões Transfronteiriças. As origens da Directriz 2005/56/CE e o novo processo de fusão simplificado.** 2010. 52 f. Dissertação de Mestrado em Direito da Empresa e dos Negócios – Universidade Católica Portuguesa, Porto.

BOTREL, Sérgio. **Fusões & aquisições.** 3. ed. São Paulo: Saraiva, 2014.

BULGARELLI, Waldirio. **Fusões, Incorporações e Cisões de Sociedades. 6ª edição atualizada de acordo com a Lei no 9.457/97 das Sociedades por Ações.** São Paulo: Editora Atlas, 2000.

CARVALHOSA, Modesto. **Comentários ao Código Civil: parte especial. Do Direito da Empresa (artigos 1.052 a 1.195)**. 2. Ed. São Paulo: Saraiva, 2005, v. 13.

COELHO, Fábio Ulhoa. **Curso de direito comercial**. São Paulo: Saraiva, 2003, v. 2.

____________________; RIBEIRO, Fátima de Maria. **Questões de Direito Societário em Portugal e no Brasil**. Coimbra: Almedina, 2012.

COSTA, Osvaldo Solari. LOPARDO, María Paula. ***Fusiones internacionales***. Trabalho publicado nos Anais do VI Congreso Argentino de Derecho Societario: II Congreso Iberoamericano de Derecho Societario y de la Empresa, realizado em Mar del Plata, nos dias, 2 a 4 de novembro de 1995. Disponível em: <https://repositorio.uade.edu.ar/xmlui/bitstream/handle/123456789/1300/CDS06020537.pdf?sequence=1&isAllowed=y>. Acesso em: 3 de fev. de 2019.

DINIZ, Maria Helena. **Lei de Introdução ao Código Civil Brasileiro Interpretada**. 15ª ed. São Paulo: Saraiva, 2010.

DITTRICH, Pedro Marcelo. **Fusão e Cisão de Sociedades (Portugal)**. In: COELHO, Fábio Ulhoa; RIBEIRO, Fátima de Maria. **Questões de Direito Societário em Portugal e no Brasil**. Coimbra: Almedina, 2012.

DOLINGER, Jacob. **A Sociedade Anônima Brasileira – Critério Determinador de sua Nacionalidade**. Revista de direito mercantil, industrial, econômico e financeiro. São Paulo: Malheiros, v. 15, nº 23, 1996.

DOLINGER, Jacob. A Sociedade Anônima Brasileira – Critério determinador de sua Nacionalidade. In: Revista de Direito Mercantil, Industrial, Econômico e Financeiro, nº 23. São Paulo: 1976.

EIZIRIK, Nelson. **A Lei das S/A Comentada. Artigos 216 a 300**. 2. Ed. São Paulo: Quartier Latin, 2015a, v. 4.

EIZIRIK, Nelson. **Impossibilidade de incorporação de sociedades brasileiras por instituição financeira com sede no exterior. Impedimentos no ordenamento jurídico brasileiro.** In: EIZIRIK, Nelson. **Direito societário: estudos e pareceres.** São Paulo: Quartier Latin, 2015b.

EIZIRIK, Nelson. **Direito societário: estudos e pareceres.** São Paulo: Quartier Latin, 2015c.

ESPINOLA, Eduardo; ESPINOLA FILHO, Eduardo. **Lei de Introdução ao Código Civil Brasileiro.** v. 3, 2ª ed, atualizada por José da Silva Pacheco. Rio de Janeiro: Renovar, 1995.

FIUZA, Ricardo. (coord) **Novo Código Civil Comentado.** 5. ed. São Paulo: Saraiva, 2006.

FRADE, Antonio D. Tapia. ***La fusión transfronteriza de sociedades anónimas.*** 2017. Dissertação de Doutorado da Faculdade de Direito da Universidad Complutense de Madri. Madri, Espanha.

FRANÇA, Erasmo Valladão Azevedo e Novaes; ADAMEK, Marcelo Vieira Von. **Da livre participação, como regra, de sociedade estrangeira em sociedade brasileira de qualquer tipo.** Revista de direito mercantil, industrial, econômico e financeiro. São Paulo: Malheiros, v. 147, julho-setembro, 2007.

IUD, Carolina Daniela. LOPARDO, María Paula. ***Fusión Transfronteriza en el Mercosur.*** Negocios Societarios, Cuestiones Internacionales Y Grupos Societarios, Tomo II. Buenos Aires: Ed. Ad-Hoc, 1995. p. 557/569. Disponível em: <http:// https://repositorio.uade.edu.ar/xmlui/bitstream/handle/123456789/1609/CDS06020557.pdf?sequence=1&isAllowed=y>. Acesso em: 3 de fevereiro de 2019.

KALANSKY, Daniel. **Incorporação de Ações: Estudo de Casos e Precedentes.** São Paulo: Saraiva, 2012.

LAMY FILHO, Alfredo; BULHÕES, José Luiz Pedreira. **Direito das Companhias.** 1. ed. Rio de Janeiro: Editora Forense, 2009, v. 2.

LAZZARESCHI NETO, Alfredo Sérgio. **Lei das Sociedades por Ações Anotada.** 4. ed. São Paulo: Editora Saraiva. 2012.

MAIA, José Motta. **Fusão e incorporação de empresas: doutrina, procedimentos administrativos e fiscais, legislação.** São Paulo: Ed. da Universidade de São Paulo, 1972.

OSORIO, Marcelo Mardones. ***Fusión Internacional de Sociedades Anónimas en el Ordenamiento Jurídico Chileno.*** 2014. Dissertação de Doutorado da Faculdade de Direito da Pontificia Universidad Católica de Chile. Chile, Santiago.

PARENTONI, Leonardo Netto; GONTIJO, Bruno Miranda. **Competência legislativa em Direito Societário: Sistemas brasileiro, norte-americano e comunitário europeu.** Brasília: Revista de Informação Legislativa, 2016. p. 247. Disponível em: <https://www12.senado.leg.br/ril/edicoes/53/210/ril_v53_n210_p239.pdf>. Acesso em: 30 nov. 2017.

PEIXOTO, Carlos Fulgêncio da Cunha. **Sociedades por Ações.** São Paulo: Saraiva, 1972, v. II.

PONTES, Evandro Fernandes de. **Incorporação de Ações no Direito Brasileiro.** São Paulo: Almedina, 2016.

PORTOLESE, Camila Giovana. **Harmonização da Tributação Direta Incidente sobre as Operações de Fusão, Incorporação e Cisão Realizadas por Sociedades Empresariais Constituídas na Argentina e no Brasil – Diagnóstico e Reflexões.** 2006.

REQUIÃO, Rubens. **Curso de Direito Comercial.** 23. ed. São Paulo: Saraiva, 2003, v. 2.

SANTI, Eurico Marcos Diniz de; MOSQUERA, Roberto Quiroga; ZILVETI, Fernando Aurelio. **Tributação Internacional.** São Paulo: Saraiva, 2007.

RODAS, João Grandino. **Elementos de conexão do direito internacional privado brasileiro relativamente às obrigações contratuais.** In: RODAS, João Grandino (coord.). Contratos internacionais. 3ª ed. São Paulo: Revista dos Tribunais, 2002.

SCHOUERI, Luis Eduardo. Ágio em Reorganizações Societárias: Aspectos Tributários. São Paulo: Dialética, 2012.

SOUZA JR., Lauro da Gama. **Autonomia da vontade nos contratos internacionais no Direito Internacional Privado brasileiro: Uma leitura constitucional do artigo 9º da Lei de Introdução ao Código Civil em favor da liberdade de escolha do direito aplicável.** IN: TIBURCIO, Carmen; BARROSO, Luís Roberto (orgs). O Direito Internacional Contemporâneo: Estudos em homenagem ao Professor Jacob Dolinger. Rio de Janeiro: Renovar, 2006.

SZTAJN, Rachel. Reorganização Societária e Concorrência. In: WARDE JR., Walfrido Jorge (Coord.). **Fusão, cisão, incorporação e temas correlatos.** São Paulo: Quartier Latin do Brasil, 2009.

TÔRRES, Heleno Tavares. **Direito Tributário Internacional: Planejamento Tributário e Operações Transnacionais.** São Paulo: RT, 2001.

VALLADÃO, Haroldo. **Direito Internacional Privado.** Ed. Freitas Bastos, 1980, V. I, p. 366. DOLINGER, JACOB. **Direito Internacional Privado (Parte**

Especial) - Contratos e Obrigações no Direito Internacional Privado. Rio de Janeiro: Ed. Renovar, 2007.

VALVERDE, Trajano de Miranda. **Sociedades por Ações.** 2. ed. Rio de Janeiro: Ed. Forense, 1953, v. III.

__________, Trajano de Miranda. **Sociedades por Ações.** 2. ed. Rio de Janeiro: Ed. Forense, 1953, v. I.

XAVIER, Alberto. **Direito Tributário Internacional.** 5. ed. Rio de Janeiro: Forense, 2002.

LEGISLAÇÕES, NORMAS E PARECERES

AMERICAN BAR ASSOCIATION. Model Business Corporation Act. [1950]. Disponível em: <http://www.americanbar.org/content/dam/aba/administrative/business_law/corplaws/model-bus-corp-laws-w-o-comments-2010.doc>. Acesso em: 30 nov. 2017.

BANCO CENTRAL DO BRASIL. Circular nº 3.689 do BACEN, de 16 de dezembro de 2013. Brasília, DF, 16 dez. 2013. Disponível em: <http://www.bcb.gov.br/pre/normativos/busca/downloadNormativo.asp?arquivo=/Lists/Normativos/Attachments/48812/Circ_3689_v7_P.pdf>. Acesso em: 10 jun. 2018.

____________________________. Circular nº 3.691 do BACEN, de 16 de dezembro de 2013. Brasília, DF, 16 dez. 2013. Disponível em: <http://www.bcb.gov.br/pre/normativos/busca/downloadNormativo.asp?arquivo=/Lists/Normativos/Attachments/48815/Circ_3691_v10_P.pdf>. Acesso em: 10 jun. 2018.

BRASIL. Constituição Federal. **Palácio do Planalto Presidência da República**, Brasília, DF, 5 out. 1988. Disponível em: <http://www.planalto.gov.br/ccivil_03/constituicao/constituicao.htm>. Acesso em: 10 jun. 2018.

_______. Decreto nº 74.965, de 26 de novembro de 1974. **Palácio do Planalto Presidência da República**, Brasília, DF, 26 nov. 1974. Disponível em: <http://www.planalto.gov.br/ccivil_03/decreto/1970-1979/D74965.htm>. Acesso em: 10 jun. 2018.

_______. Decreto nº 8.803, de 6 de julho de 2016. **Palácio do Planalto Presidência da República**, Brasília, DF, 6 jul. 2016 Disponível em: <http://www2.camara.leg.br/legin/fed/decret/2016/decreto-8803-6-julho-2016-783325-publicacaooriginal-150728-pe.html>. Acesso em: 10 jun. 2018.

_______. Decreto nº 81.402, de 23 de fevereiro de 1978. **Palácio do Planalto Presidência da República**, Brasília, DF, 23 fev. 1978. Disponível em: <http://www.planalto.gov.br/ccivil_03/decreto/Antigos/D81402.htm>. Acesso em: 10 jun. 2018.

_______. Decreto-Lei nº 2.627, de 26 de setembro de 1940. Regia as sociedades por ações anteriormente à Lei das S.A. **Palácio do Planalto Presidência da República**, Brasília, DF, 26 set. 1940. Disponível em: <http://www.planalto.gov.br/ccivil_03/decreto-lei/Del2627.htm>. Acesso em: 18 de março de 2018.

_______.Decreto-Lei nº 4.657, de 4 de setembro de 1942. **Palácio do Planalto Presidência da República**, Rio de Janeiro, RJ, 4 set. 1942. Disponível em: <http://www.planalto.gov.br/ccivil_03/Decreto-Lei/Del4657.htm>. Acesso em: 18 fev. 2018.

_______. Decreto-Lei nº 73, de 21 de novembro de 1966. **Palácio do Planalto Presidência da República**, Brasília, DF, 21 nov. 1996. Disponível em: <http://www.planalto.gov.br/ccivil_03/decreto-lei/Del0073.htm>. Acesso em: 10 jun. 2018.

_______. Decreto-Lei nº 4.657, de 4 de setembro de 1942. **Palácio do Planalto Presidência da República**, Rio de Janeiro, RJ, 4 set. 1942. Disponível em: <http://www.planalto.gov.br/ccivil_03/Decreto-Lei/Del4657.htm>. Acesso em: 18 fev. 2018.

_______. Lei nº 5.709, de 7 de outubro de 1971. **Palácio do Planalto Presidência da República**, Brasília, DF, 7 out. 1971. Disponível em: <http://www.planalto.gov.br/ccivil_03/Leis/L5709.htm>. Acesso em: 10 jun. 2018.

_______.Lei nº 8.629, de 25 de fevereiro de 1993. **Palácio do Planalto Presidência da República**, Brasília, DF, 25 fev. 1993. Disponível em: <http://www.planalto.gov.br/ccivil_03/Leis/L8629.htm>. Acesso em: 10 jun. 2018.

_______. Lei nº 10.406, de 10 de janeiro de 2002. **Palácio do Planalto Presidência da República**, Brasília, DF, DF, 10 jan. 2002. <http://www.planalto.gov.br/ccivil_03/Leis/2002/l10406.htm>. Acesso em: 10 nov. 2017.

_______. Lei nº 10.610, de 20 de dezembro de 2002. **Palácio do Planalto Presidência da República**, Brasília, DF, 20 dez. 2002. Disponível em: <http://www.planalto.gov.br/ccivil_03/leis/2002/L10610.htm>. Acesso em: 10 jun. 2018.

_______. Lei nº 4.595, de 31 de dezembro de 1964. **Palácio do Planalto Presidência da República**, Brasília, DF, 31 dez. 1964. Disponível em: <http://www.planalto.gov.br/ccivil_03/leis/L4595.htm>. Acesso em: 10 jun. 2018.

______. Lei nº 6.385, de 7 de dezembro de 1976. **Palácio do Planalto Presidência da República**, Brasília, DF, 7 dez. 1976. Disponível em: <http://www.planalto.gov.br/ccivil_03/Leis/L6385.htm>. Acesso em: 25 jun. 2018.

______. Lei nº 6.404, de 15 de dezembro de 1976. **Palácio do Planalto Presidência da República**, Brasília, DF, 15 dez. 1976. <http://www.planalto.gov.br/ccivil_03/leis/l6404compilada.htm>. Acesso em: 10 nov. 2017.

______. Lei nº 6.634, de 2 de maio de 1979. **Palácio do Planalto Presidência da República**, Brasília, DF, 2 mai. 1979. Disponível em: <http://www.planalto.gov.br/ccivil_03/Leis/L6634.htm>. Acesso em: 10 jun. 2018.

______. Lei nº 7.102, de 20 de junho de 1983. **Palácio do Planalto Presidência da República**, Brasília, DF, 20 jul. 1983. Disponível em: <http://www.planalto.gov.br/ccivil_03/Leis/L7102.htm>. Acesso em: 10 jun. 2018.

______. Lei nº 7.565, de 19 de dezembro de 1986. **Palácio do Planalto Presidência da República**, Brasília, DF, 19 dez. 1986. Disponível em: <http://www.planalto.gov.br/ccivil_03/Leis/L7565.htm>. Acesso em: 10 jun. 2018.

______. Lei nº 7.805, de 18 de julho de 1989. **Palácio do Planalto Presidência da República**, Brasília, DF, 18 jul. 1989. Disponível em: <http://www.planalto.gov.br/ccivil_03/Leis/l7805.htm>. Acesso em: 10 jun. 2018.

______. Lei nº 7.805, de 18 de julho de 1989. **Palácio do Planalto Presidência da República**, Brasília, DF, 18 jul. 1989. Disponível em: <http://www.planalto.gov.br/ccivil_03/Leis/l7805.htm>. Acesso em: 10 jun. 2018.

______. Lei nº 9.532, de 10 de dezembro de 1997. **Palácio do Planalto Presidência da República**, Brasília, DF, 10 dez. 1997. Disponível em <http://www.planalto.gov.br/ccivil_03/Leis/l9532.htm>. Acesso em: 29 nov. 2017.

______. Lei nº 11.101, de 9 de fevereiro de 2005. **Palácio do Planalto Presidência da República**, Brasília, 9 fev. 2005. Disponível em: <http://www.planalto.gov.br/ccivil_03/_ato2004-2006/2005/lei/l11101.htm>. Acesso em: 8 jun. 2017.

Comissão dos Valores Mobiliários. Instrução nº 358 da CVM, de 3 de janeiro de 2002. Disponível em: < http://www.cvm.gov.br/legislacao/instrucoes/inst358.html>. Acesso em: 5 ago. 2018.

______. Deliberação CVM nº 559, de 18 de novembro de 2008. Rio de Janeiro, RJ, 18 nov. 2008. Disponível em: <http://www.cvm.gov.br/legislacao/deliberacoes/deli0500/deli559.html>. Acesso em: 18 jun. 2018.

______. Instrução nº 409 da CVM, de 18 de agosto de 2004. Rio de Janeiro, RJ, 18 ag. 2004. Disponível em: <www.cvm.gov.br/legislacao/instrucoes/inst409.html>. Acesso em: 10 jun. 2018.

______. Parecer de Orientação CVM nº 34, de 18 de agosto de 2006. Rio de Janeiro, RJ, 18 ago. 2006. Disponível em: <http://www.cvm.gov.br/legislacao/pareceres-orientacao/pare034.html>. Acesso em: 18 jun. 2018.

______. Parecer de Orientação CVM nº 35, de 1º de setembro de 2008. Rio de Janeiro, RJ, 18 ago. 2006. Disponível em: <http://www.cvm.gov.br/legislacao/pareceres-orientacao/pare035.html>. Acesso em: 18 jun. 2018.

Comitê Econômico e Social Europeu. Parecer do Comitê Econômico e Social Europeu sobre a Proposta de diretiva do Parlamento Europeu e do Conselho relativa às fusões transfronteiriças das sociedades de capitais. Bruxelas, 2004. Disponível em: <http://eur-lex.europa.eu/legal-content/PT/TXT/PDF/?uri=CELEX:52004AE0664&from=ES>. Acesso em: 13 mar. 2018.

Conselho Monetário Nacional. Resolução nº 2.451, de 27 de novembro de 1997. Brasília, DF, 27 nov. 1997. Disponível em: <http://www.bcb.gov.br/pre/normativos/res/1997/pdf/res_2451_v1_O.pdf>. Acesso em: 10 jun. 2018.

Delaware. Delaware General Corporation Law. [19-]. Disponível em: <http://delcode.delaware.gov/title8/c001/>. Acesso em: 5 dez. 2017.

Departamento de Registro Empresarial e Integração – DREI. Instrução Normativa DREI nº 7, de 5 de dezembro de 2013. Brasília, DF, 5 dez. 2013. Disponível em: <http://www.mdic.gov.br/images/REPOSITORIO/SEMPE/DREI/INs_EM_VIGOR/IN-DREI-07-2013-alterada-pela-IN-25-2014.pdf>. Acesso em: 10 jun. 2010.

Espanha. Lei nº 3/2009, de 3 de abril de 2009. *Jefatura del Estado*. Madrid, 3 abr. 2009. Disponível em: <https://www.boe.es/buscar/act.php?id=BOE-A-2009-5614>. Acesso em: 12 junho 2018.

Ministério Da Fazenda. Exposição de Motivos nº 196, de 24 de junho de 1976. Brasília, DF, 24 junho 1976. Disponível em: <http://www.cvm.gov.br/export/sites/cvm/legislacao/leis-decretos/anexos/EM196-Lei6404.pdf>. Acesso em: 18 de março de 2018.

Ministério da Indústria, Comércio Exterior e Serviços. Portaria nº 1.391, de 11 de julho de 2016. Disponível em: <http://imprensanacional.gov.br/materia/-/asset_publisher/Kujrw0TZC2Mb/content/id/14516754>. Acesso em: 10 jun. 2018.

PORTUGAL. Decreto-Lei nº 262/86 de 2 de setembro de 1986. Presidência da República. Lisboa, 2 set. 1986. Disponível em: <https://dre.pt/web/guest/legislacao-consolidada/-/lc/67625876/201511201656/exportPdf/maximized/1/cacheLevelPage?p_auth=nRc2dqPu&rp=indice>. Acesso em: 12 jun. 2018.

PORTUGAL. Decreto-Lei nº 47344/66 de 25 de novembro de 1966. Presidência da República. Lisboa, 25 nov. 1966. Disponível em: <https://dre.pt/web/guest/legislacao-consolidada/-/lc/34509075/view>. Acesso em: 12 junho 2018.

RECEITA FEDERAL DO BRASIL. Instrução Normativa SRF nº 1520, de 04 de dezembro de 2014. Disponível em: <http://normas.receita.fazenda.gov.br/sijut2consulta/link.action?idAto=59074&visao=anotado>. Acesso em: 29 nov. 2017.

______________________. Instrução Normativa RFB nº 1634, de 06 de maio de 2016. Disponível em: <http://normas.receita.fazenda.gov.br/sijut2consulta/link.action?visao=anotado&idAto=73658#1624555>. Acesso em: 5 ago. 2018.

______________________. Decreto nº 3.000, de 26 de março de 1999. Disponível em: <http://www.planalto.gov.br/ccivil_03/Decreto/D3000.htm>. Acesso em: 5 ago. 2018.

UNIÃO EUROPEIA. Diretiva 2005/56/CE, de 26 de outubro de 2005. Disponível em: <http://eur-lex.europa.eu/legal-content/PT/TXT/PDF/?uri=CELEX:32005L0056&from=PT>. Acesso em: 29 nov. 2017.

ÍNDICE